KB200570

헨리 나우웬의

# 주의 길을
# 내게 보이소서

헨리 나우웬의
주의 길을 내게 보이소서

지은이 | 헨리 나우웬
옮긴이 | 윤종석
초판 발행 | 2024. 1. 17
4쇄 발행 | 2024. 2. 21
등록번호 | 제1988-000080호
등록된 곳 | 서울특별시 용산구 서빙고로65길 38
발행처 | 사단법인 두란노서원
영업부 | 02)2078-3333 FAX | 080-749-3705
출판부 | 02)2078-3330

책값은 뒤표지에 있습니다.
ISBN 978-89-531-4778-2 03230

독자의 의견을 기다립니다.
tpress@duranno.com  www.duranno.com

두란노서원은 바울 사도가 3차 전도 여행 때 에베소에서 성령 받은 제자들을 따로 세워 하나님의 말씀으로 양육
하던 장소입니다. 사도행전 19장 8-20절의 정신에 따라 첫째 목회자를 돕는 사역과 평신도를 훈련시키는 사역,
둘째 세계선교™와 문서선교<sup>단행본·잡지</sup> 사역, 셋째 예수문화 및 경배와 찬양 사역, 그리고 가정·상담 사역 등을 감
당하고 있습니다. 1980년 12월 22일에 창립된 두란노서원은 주님 오실 때까지 이 사역들을 계속할 것입니다.

부활의 아침을 향한
사순절 묵상

헨리 나우웬의

# 주의 길을
# 내게 보이소서

헨리 나우웬 지음

윤종석 옮김

두란노

# 차례

"여호와여 주의 도를 내게 보이소서!" 시편에는 하나님을 찾는 영혼의 갈망이 표현되어 있다(시 25:4, 27:11, 86:11 참조). 오늘날 신앙의 순례길에 들어선 이들의 간절한 부르짖음도 그와 같다. 많은 사람이 분명히 기술했듯이 이 길은 넓은 길이 아니다. "생명으로 인도하는 문"(마 7:14)은 길이 좁다.

'길 찾기'는 헨리 나우웬 저작의 단골 주제다. 그의 글이 도로 표지판처럼 가리켜 보이는 결정적인 주제는 곧 하나님과 인간을 깊이 사랑하는 삶이다. 그의 책에서 침묵과 기도는 신앙의 장이자 호흡이고, 회심과 쇄신과 고통스러운 결별과 과감한 새 출발은 절실한 사랑에 우리 마음을 열게 하는 간이역이다. 그리스도인의 삶이 이루어지는 이 길은 결코 끊기지 않고, 언제나 세상 속에서 사랑의 행위로 그리고 다른 이를 위한 창의적 활동으로 뻗어 나간다.

그 길로 사순절을 통과하려면 "어둠의 일을 벗고 빛의 갑옷을 입으며" 매일 기도해야 한다. 그래서 기도의 거장 헨리 나우웬은 이렇게 말한다. "기도란 무엇보다도 당신의 마음속 가장 깊은 곳에 거하시는 예수님의 음성을 듣는 일이다. 그분은 고함치지 않으신다. 억지로 밀고 들어오지 않으신다. 그분의 음성은 겸손한 음성이요, 속삭임에 가까운 부드러운 사랑의 음성이다. 평생 무슨 일을 하며 살든 당신 마음속에 계시는 예수님의 음성에 귀 기울이며 살라. 능동적으로 아주 집중해서 들어야 한다. 분주하고 시끄러운 세상에서 그 사랑의 음성은 다른 소리에 쉽게 파묻히기 때문이다. 그분의 음성을 이렇게 능동적으로 들으려면 매일 일정한 시간을 따로 뗄 필요가 있다. 10분도 좋다. 매일 예수님과 단둘이 10분만 보내도 당신의 삶은 근본적으로 달라질 것이다."

나우웬의 저서에서 발췌한 이 선집은 독자를 일깨워 그런 기도와 묵상의 시간으로 인도하기 위함이다. 세 가지 요소로 기도를 돕는 사순절 안내서라고도 할 수 있다. 우선 하나님 말씀은 전례서나 복음서에서 그날에 해당하는 본문을 간략히 인용한 것이고, 그다음의 묵상은 독자의 실생활로 이어지는 부분이며, 신앙을 현실로 옮기는 그 내용이 마무리 기도에 다시 요약된다.

이 사순절 묵상집을 접하는 이마다 다시 한 번 과감히 부활의 길로 예수님을 따르기를 기도한다.

이 책을 엮으며,

프란츠 조나

*Franz Johna*

# 십자가의 길을 따라

사순절(Lent, 四旬節)은 부활절을 앞둔 40일 동안 그리스도의 수난을 묵상하며 그 고난에 동참하는 기간이다. 사순절은 '재의 수요일'(Ash Wednesday)로부터 시작해 '부활절 전야까지로 46일이지만, 사순절 기간에 속한 여섯 번의 주일은 제외하기에 40일이된다. 사순절 기간에 속한 여섯 번의 주일은 '작은 부활절'로, 부활을 기대하는 주일이다. 엄숙하고 진지하기만 한 사순절의 시간 속에서도 주일에는 부활의 기쁨을 기대하며 예배한다.

사순절은 '재의 수요일'로부터 시작된다. 예수님의 고난과 십자가의 죽음을 선포하는시작점이며 작년 종려주일에 사용한 종려나무 가지를 태워 그 재를 이마에 바르며 "너는 흙이니 흙으로 돌아갈 것이니라"(창 3:19)라고 선포하기도 한다. 마음을 찢는 참회와 인간 존재의 유한함을 뜻한다.

6주간의 사순절 동안 성도는 예수님의 발자취를 묵상하며, 참회와 금식과 기도로 주님의 수난과 죽음에 동참한다. 특히 그 정점인 고난주간(부활절 한 주 전)에는 갈보리까지 걸어가신 주님의 고난에 동참하는 시간이 되어야 한다. 그리고 마침내 죽음에서 승리하신 주님을 맞이하는 부활의 아침을 맞는 감격을 누릴 수 있을 것이다. 부활주일은죽음을 이기는 최후 승리의 자리로 나아가는 시간이다. 우리가 믿는 분이 어떤 사랑으로 우리를 살리셨는지를 하루하루 알아가는 시간으로 사순절을 채워 나가길 소망한다.

사순절 시작:
재의 수요일

# 내려가는 길

사순절 셋째 주
주의 세미한 음성을
들으며

사순절 첫째 주
아버지의 뜻을 따라

사순절 둘째 주

섬기시는 하나님

사순절 넷째 주

고통을 통과한 영광

사순절 다섯째 주

하나님의 눈먼 사랑

사순절 여섯째 주: 고난주간

십자가의 길

부활주일

죽음에서 생명으로

**Day  1**

# 돌이키고
# 살지니라

◊

주 여호와의 말씀이니라 이스라엘 족속아 내가 너희 각 사
람이 행한 대로 심판할지라 너희는 돌이켜 회개하고 모든
죄에서 떠날지어다 그리한즉 그것이 너희에게 죄악의 걸
림돌이 되지 아니하리라 너희는 너희가 범한 모든 죄악을
버리고 마음과 영을 새롭게 할지어다 이스라엘 족속아 너
희가 어찌하여 죽고자 하느냐 주 여호와의 말씀이니라 죽
을 자가 죽는 것도 내가 기뻐하지 아니하노니 너희는 스스
로 돌이키고 살지니라(겔 18:30-32).

사순절이 시작된다. 이 절기는 특별한 방식으로 주님과 함께하는 때이다. 기도하고 금식하는 때이고, 그리하여 주님을 따라 예루살렘과 골고다를 거쳐 죽음을 이기는 최후 승리의 자리로 나아가는 때이다.

그런데 나는 아직도 마음이 나뉘어 있다. 진심으로 주님을 따르고 싶으면서도, 한편으로는 내 욕심도 좇고 싶다. 특권과 성공과 명예와 쾌락과 권력과 영향력을 가지라고 속삭이는 온갖 목소리에 귀가 솔깃하다. 그런 목소리를 차단하고 주님의 음성에 더 귀를 기울이도록 도와주소서. 생명으로 인도하는 좁은 길을 선택하라고 나를 부르시는 그 음성에만 집중하게 하소서.

분명히 사순절은 내게 아주 힘든 시간이 될 것이다. 삶의 매 순간 주님의 길을 선택해야 하기 때문이다. 주님의 생각, 주님의 말씀, 주님의 행동을 선택해야만 한다. 언제 어디서든 선택이 따르지 않을 때가 없다. 그런데 나는 주님을 선택하지 않으려고 안간힘을 쓰며 산다.

주님, 부디 가는 곳마다, 순간마다 저와 함께해 주소서. 이 기간을 충실하게 살아갈 힘과 용기를 부어 주소서. 그리하여 주께서 나를 위해 예비하신 새 생명을 부활의 아침에 기쁨으로 맛

볼 수 있게 하소서.

⚜

하나님의 자비가 우리의 죄보다 크다. 어떤 죄의식은 우리를 하나님께로 이끌지 않고 오히려 자아에 함몰되게 한다. 우리는 자신의 죄와 실패와 인색함에 과민하게 압도된 나머지 무력감과 죄책감에서 헤어나지 못한다. 이 죄책감은 "나는 너무 죄가 많아서 하나님의 자비를 받을 자격이 없다"라고 말한다. 게다가 자기 내면을 살피기에 바빠 정작 하나님을 바라보지 않는다. 이 죄책감은 우상으로 변질된 일종의 교만이다.

사순절은 이 우상을 깨뜨리고 사랑의 주님께 주목하는 시간이며 이렇게 자문하는 때다. "나는 유다와 베드로 중 누구와 같은가? 유다는 자신의 죄에 파묻혀 하나님의 자비를 더는 믿지 못하고 스스로 목을 맸지만, 베드로는 주님께 돌이켜 회개하고 자신의 죄로 인해 통곡했다."

사순절 기간에는 겨울과 봄이 서로 지배하려고 다툰다. 이 절기의 특별한 도움으로 우리는 하나님의 자비를 간절히 구할 수 있다.

# ✝ 우리의 기도

신실하신 하나님,

주님을 신뢰하는 가운데

40일간의 변화와 참회의 길에 섭니다.

온전히 감당할 힘을 주셔서

그리스도인답게 훈련되게 하소서.

우리가 악을 버리고 선행에 힘쓰게 하소서.

예수 그리스도의 이름으로 기도드립니다. 아멘.

# Day 2

# 생명을
# 택하라

◊

너와 네 자손이 살기 위하여 생명을 택하고 네 하나님 여호
와를 사랑하고 그의 말씀을 청종하며 또 그를 의지하라 그
는 네 생명이시요(신 30:19-20).

믿음의 삶은 감사하는 삶이다. 기꺼이 하나님께 전적으로 의존하며 살아간다는 뜻이다. 존재라는 선물(gift of being)을 받은 이는 찬양과 감사가 끊이지 않는다. 진정한 성찬의 삶이란 늘 하나님께 감사하고, 늘 그분을 찬양하며, 늘 그분의 한없이 선하신 사랑에 감격한다는 뜻이다. 이런 삶이 어찌 기쁘지 않을 수 있겠는가? 그야말로 회심한 삶이요, 하나님이 모든 것의 중심이 된 삶이다. 이제 감사가 곧 기쁨이고 기쁨이 곧 감사다. 모든 것이 하나님의 임재를 알리는 놀라운 징후다.

예수님은 종종 사람들의 병을 고치신 뒤 "네 믿음이 너를 구원하였다"라고 말씀하신다. 그들이 새 생명을 얻은 것은 그분 안에 계시된 하나님의 사랑을 온전히 믿고 자신을 맡겼기 때문이라는 것이다. 하나님의 무조건적 사랑을 믿는 것, 예수님은 우리를 그 길로 부르신다. 그것이 당신의 마음속에 분명히 자리 잡을수록 이 세상에 의심, 질투, 원한, 복수, 증오, 폭력, 불화가 그토록 많은 이유가 한결 쉽게 이해될 것이다. 예수님은 하나님의 사랑을 빛에 비유해 그 이유를 친히 이렇게 풀어 주신다.

> 빛이 세상에 왔으되
> 사람들이 자기 행위가 악하므로
> 빛보다 어둠을
> 더 사랑한 것이니라.
> 악을 행하는 자마다
> 빛을 미워하여 빛으로 오지 아니하나니
> 이는 그 행위가 드러날까 함이요
> 진리를 따르는 자는
> 빛으로 오나니
> 이는 그 행위가 하나님 안에서 행한 것임을 나타내려 함이라.

　예수님이 보시기에 세상의 악이란 곧 하나님의 사랑을 믿지 못하는 것이다. 우리는 고집스레 자신을 내세우며 하나님보다 자신을 믿고 그분보다 자신을 사랑한다. 예수님은 우리에게 이것이 악임을 깨우쳐 주신다. 우리는 늘 어둠 속에 남는다. 그러나 빛 가운데 행하는 자는 모든 선하고 아름답고 참된 것이 하나님께로부터 와서 우리에게 사랑의 선물로 주어진다는 것을 기쁨과 감사로 인정할 수 있다.

# 우리의 기도

오 하나님, 늘 우리와 함께하시는 하나님!

우리는 주님께 힘을 얻어 행동하는 존재입니다.

우리에게 회개를 명하시는 주님의 뜻을 따라

회개하고 참회하는 매일이 되게 하소서.

오늘도 십자가를 묵상하며

믿음의 삶, 감사의 삶을 살게 하소서.

예수님의 이름으로 기도드립니다. 아멘.

# Day 3

## 낮아지는 삶

◇

내가 확신하노니 사망이나 생명이나 천사들이나 권세자들
이나 현재 일이나 장래 일이나 능력이나 높음이나 깊음이
나 다른 어떤 피조물이라도 우리를 우리 주 그리스도 예수
안에 있는 하나님의 사랑에서 끊을 수 없으리라(롬 8:38-39).

하나님의 사랑은 예수님으로 가시화되었다. 그 사랑이 어떻게 예수님을 통해 가시화될 수 있었느냐면 '내려가는 삶'을 통해서다. 이것이 성육신의 위대한 신비다. 하나님은 우리와 함께 하시고자 인간이 되어 이 땅에 내려오셨다. 우리 중에 오신 그분은 다시 완전히 버림받는 사형 선고의 자리까지 낮아지셨다. 예수님의 이 내려가는 길을 우리가 깊이 느끼고 이해하기란 쉽지 않다. 우리 존재의 모든 본성이 거기에 저항하기 때문이다. 가난한 이들에게 가끔 한 번씩 관심을 갖는 것까지는 좋지만, 가난의 자리로 내려가 가난한 이들과 함께 가난해지는 것은 우리가 원하는 바가 아니다. 그러나 그것이 바로 예수께서 택하신 길이다.

그 길은 기도를 통해서만 깨달을 수 있다. 당신 안에서 말씀하시는 하나님의 음성을 들을수록 그 음성이 당신을 예수님의 길을 따르도록 부르시는 것을 알게 된다. 예수님의 길은 하나님의 길이요 하나님의 길은 예수님만 위한 것이 아니라 진심으로 하나님을 구하는 모든 이들을 위한 길이다. 여기서 우리는 엄연한 진리를 깨닫는다. 예수님의 내려가는 길은 곧 하나님을 찾는 우리 모두의 길이기도 하다는 것이다. 예수님은 조금도 주저 없이 그 점을 분명히 밝혀 주신다.

하나님의 신비로운 임재에 닿으려면 그분의 부재를 사무치게 느껴 보아야만 한다. 부재하시는 하나님을 열망하는 그 한복판에서 비로소 우리는 그분의 발자국을 발견한다. 그분을 사랑하고픈 우리 마음도 알고 보면 그분이 우리를 만져 주신 사랑에서 태동한다. 사랑하는 그분을 끈질기게 기다릴 때 우리는 그분이 이미 우리 삶을 충만하게 하셨음을 깨닫는다.

어머니의 사랑은 아들이 멀리 떨어져 있을 때 더 깊어질 수 있고, 자녀는 집을 떠나 봐야 부모에게 더 감사할 줄 알게 되며, 연인은 오랜 부재 기간에 서로를 재발견할 수 있다. 마찬가지로 우리와 하나님의 친밀한 관계도 그분의 부재를 경험하면서 더 깊어지고 무르익고 정화될 수 있다. 자신의 열망에 귀 기울이면 그 열망을 지으신 하나님의 음성이 들려온다. 고독의 중심에 이르면 지금까지 사랑의 손길로 우리를 만져 주신 하나님이 느껴진다. 사랑하고픈 자신의 끝없는 갈망을 자세히 살펴보면 우리가 먼저 사랑받았기 때문에 사랑할 수 있음을 깨닫게 된다. 우리는 하나님의 친밀한 내면에서 태어났기 때문에 그분께 친밀하게 반응할 수 있다.

우리는 생명의 파괴가 난무하고 인간에게 받은 상처가 지천에 널려 있는 폭력의 시대를 산다. 그래서 하나님의 부재를 견디며 정화되기가 심히 어렵다. 열린 마음으로 끈질기고 경건하게 그분의 길을 준비하기가 어렵다. 질문의 타당성을 따져 보기보다 속전속결의 해답을 붙잡고 싶다. 우리는 신속한 치유를 약속하는 말이면 무엇이든 믿지 못해서 안달이다. 그러니 도처에서 온갖 영적 체험이 우후죽순처럼 돋아나 고도의 인기 상품이 된 것도 이상한 일이 아니다. 뜨거운 연대 체험, 통쾌하고 감미로운 감정의 카타르시스, 희열과 황홀경의 해방감 등을 약속하는 곳에는 항상 인파가 몰린다. 우리는 만족을 얻으려는 욕구가 절박한 데다 하나님과 친밀해지려고 부단히 애쓰다 보니 어떻게든 자신의 영적 사건을 만들어 내려 한다. 조급해진 우리 문화 속에서 구원을 기다리는 모습은 여간해서 보기 힘들어졌다.

하지만 그래도 구원자 하나님은 인간이 지어낸 존재가 아니다. 그분은 우리가 심리적으로 구분하는 이미와 아직 사이, 부재와 임재 사이, 떠남과 귀환 사이를 초월하신다. 기대감을 품고 인내로 기다릴 때에만 우리는 자신의 환상에서 서서히 벗어나 시편 기자처럼 기도할 수 있다.

✝

## 우리의 기도

하나님이시여, 주는 나의 하나님이십니다.

우리가 간절히 주를 찾습니다.

물이 없어 마르고 황폐한 땅에서도

주를 갈망하며 주를 바랍니다.

주님의 권능과 영광을 보기 위해

성소로 나아갑니다.

주의 인자하심이 그 어떤 생명보다 나으므로

주님을 찬양합니다.

우리 평생에 주를 송축하며

주님의 이름 앞에 엎드립니다.

오직 주님만 내 영혼을 만족하게 하십니다.

밤이나 낮이나,

어느 곳에서건 주를 기억하며 찬송합니다.

새벽에 주의 말씀을 작은 소리로 읊조릴 때,

주님이 나의 도움이 되셨습니다.

주의 날개 그늘 아래 거할 때

내 영혼은 안전하고 즐거이 노래합니다.

내 영혼이 주께 가오니

주의 오른손으로 붙들어 주소서.

십자가를 묵상하는 사순절의 때에

주의 겸손을 배우게 하소서.

예수님의 이름으로 기도드립니다. 아멘

**Day 4**

# 꼭 필요한 것을
# 구하게 하소서

◊

그 후에 예수께서 나가사 레위라 하는 세리가 세관에 앉아
있는 것을 보시고 나를 따르라 하시니 그가 모든 것을 버리
고 일어나 따르니라(눅 5:27-28).

우리 삶은 마땅히 예수님의 삶처럼 되어야 한다. 예수님의 사역 목표는 우리를 아버지 집으로 데려가는 것이다. 예수님은 우리를 죄와 사망의 굴레에서 해방하기 위해 오셨을 뿐 아니라 또한 우리를 자신의 신성한 삶의 친밀함 속으로 이끌어 들이고자 오셨다. 우리로서는 그 뜻을 감히 상상하기 어렵다. 우리는 예수님과 우리 사이의 거리를 강조하는 경향이 있다. 예수님을 죄 많고 망가진 인간으로서는 다가갈 수 없는, 하나님의 전지전능하신 아들로 보는 것이다. 그러나 그런 생각은 예수님이 자신의 생명을 주시려고 우리에게 오셨다는 사실을 망각한 것이다. 예수님이 오신 이유는 아버지와의 사랑 공동체 속으로 우리를 이끌기 위함이다. 예수님 사역의 이런 근본 목표를 인식할 때에만 영적 삶의 의미를 바로 이해할 수 있다. 그분께 속한 모든 것이 이제 우리 몫으로 주어져 있다.

"세상 안에 있되 세상에 속하지 않은."

이런 상태는 예수님이 말씀하시는 영적 삶을 잘 압축한 표현이다. 그것은 우리가 사랑의 성령으로 말미암아 완전히 변화되는 삶이다. 그러면서도 모든 것이 종전과 똑같이 지속되는 삶이다. 영적 삶을 산다는 것은 가족을 버리고 직장을 포기하고 일하는 방식을 바꿔야 한다는 뜻이 아니다. 사회 활동과 정치 활동을 그만두고 문학과 예술에 대한 흥미를 버려야 한다는 뜻도 아니다. 혹독한 금욕이나 장시간의 기도를 요하는 것도 아니다. 물론 영적 삶에서 실제로 그런 변화가 일어날 수도 있고, 사람에 따라 과감한 결단이 필요할 수도 있다. 그러나 영적 삶을 사는 방식은 사람들이 다양한 만큼이나 다양할 수 있다.

예수를 만나고 새로워진 것은 우리가 이 세상으로부터 하나님의 나라로 옮겨진 것이다. 새로워진 것은 우리가 세상의 억제하기 힘든 여러 욕망에서 해방되어 꼭 필요한 것 한 가지를 구하고 있다는 것이다. 새로워진 것은 우리가 많은 것, 많은 사람, 많은 사건을 더는 끝없는 염려의 원인으로 경험하지 않고 이제부터 하나님의 임재를 우리에게 알리시는 다양하고도 풍요로운 방편으로 경험한다는 것이다.

✝

## 우리의 기도

주님, 예수님처럼 살고 싶습니다.

주님이 계시는 곳에

저도 함께 있고 싶습니다.

주님을 섬기는 사람을

귀하게 여기시는 아버지 하나님께

귀하게 여김받는 인생 되게 하소서.

그리하여 세상의 것을 버리고

하나님 나라에 속하게 하소서.

삶의 모든 영역에서 주의 임재를 보게 하소서.

예수님의 이름으로 기도드립니다. 아멘.

사순절 시작:
　재의 수요일

내려가는 길

사순절 셋째 주
주의 세미한 음성을
들으며

사순절 첫째 주
# 아버지의 뜻을 따라

사순절 둘째 주

섬기시는 하나님

사순절 넷째 주

고통을 통과한 영광

사순절 다섯째 주

하나님의 눈먼 사랑

사순절 여섯째 주: 고난주간

십자가의 길

부활주일

죽음에서 생명으로

# 주님 뜻대로
# 행하소서

◊

주 너의 하나님께 경배하고
다만 그를 섬기라
(마 4:10).

예수님의 주요 관심사는 하나님 아버지께 순종하며 늘 그분의 임재 안에서 사시는 것이었다. 그리스도가 이 땅에 오신 사명을 우리에게 온전히 보이시기 위함이었다. 이것은 예수께서 사도들에게 제시하신 길이기도 하다. "너희가 열매를 많이 맺으면 내 아버지께서 영광을 받으실 것이요 너희는 내 제자가 되리라"(요 15:8). 어쩌면 우리는 마음을 다하고 목숨을 다하고 뜻을 다하여 하나님을 사랑하라는 첫째 계명이 정말 첫째임을 늘 상기해야만 할 것이다.

하지만 우리가 정말 그렇게 믿는지는 의문이다. 실제로 우리는 마치 마음과 목숨과 뜻을 하나님이 아닌 사람에게 내주어야 한다는 듯이 살아가는 것 같다. 물론 하나님도 잊지는 않으려고 열심히 애쓰면서 말이다. 적어도 하나님과 이웃에게 관심을 고르게 분산해야 한다는 심리가 우리에게 있다. 그러나 예수님의 기준은 절대적이다. 그분은 일편단심 하나님께만 헌신할 것을 요구하신다. 하나님은 우리 마음과 목숨과 뜻을 송두리째 원하신다. 이렇게 그분을 무조건, 무제한으로 사랑할 때 우리는 이웃을 제대로 돌볼 수 있다.

이웃 사랑은 우리의 주의를 하나님에게서 흩어 놓거나 빼

앗으려고 경쟁하는 활동이 아니라 하나님을 사랑하는 마음의 한 표현이다. 그분은 우리에게 자신을 만인의 하나님으로 계시하신다. 하나님 안에서 우리는 이웃을 발견하고 이웃을 향한 책임에 눈뜬다. 하나님 안에서만 이웃이 우리의 자율을 침해하는 존재가 아니라 비로소 이웃이 된다고까지 말할 수 있다. 그분 안에서 그분을 통해서만 섬김이 가능해진다.

※

참된 기쁨을 누리려면 하나님께서 그분의 방식대로 나를 사랑하시게 해 드려야 한다. 질병이나 건강, 실패나 성공, 가난이나 부, 거절이나 칭찬 등 무엇을 통해서든 말이다. 그것을 알면서도 내 입에서 이 말이 잘 떨어지지 않는다. "주님, 주님이 기뻐하시는 것이라면 무엇이든 감사로 받겠습니다. 주님의 뜻을 이루소서." 하지만 내 아버지이신 그분이 순전한 사랑이심을 내가 참으로 믿으면, 마음으로부터 그렇게 고백하는 게 점점 더 가능해지리라는 것을 나는 안다.

일찍이 프랑스의 수도자인 샤를 드 푸코(Charles de Foucauld)가 쓴 의탁의 기도에 내게도 있었으면 싶은 영적 태도가 아름답게 표현되어 있다. 자주 이렇게 기도하면 좋겠다. 한 수도자의 이 고백이 내게 마땅히 가야 할 길을 보여 준다. 내 힘으로는 결코 이

기도가 실현되게 할 수 없음을 안다. 그러나 예수님의 영을 내게 주셨으니 그분의 도움으로 나도 이렇게 기도할 수 있고, 그대로 실현되는 쪽으로 자라 갈 수 있다. 내면의 평안은 이 기도를 기꺼이 내 것으로 삼는 데 달려 있다.

## ✝ 우리의 기도

아버지여,
아버지의 손에 저를 드리오니 뜻대로 행하소서.
어떻게 하시든 저는 감사합니다.
모든 것을 수용할 각오가 돼 있습니다.
제 안에서, 아버지의 모든 창조 세계에서
아버지의 뜻만이 이루어지기 원합니다.
오 주님, 주님의 손에 제 영혼을 맡깁니다.
제 마음속의 모든 사랑과 함께 바칩니다.
주님을 사랑하기에 저를 드리며
아무 조건 없이 무한한 믿음으로
저를 주님의 손에 의탁합니다.

주님은 저의 아버지이십니다.

예수님의 이름으로 기도드립니다. 아멘.

-샤를 드 푸코

**Day 5**

# 지극히 작은 자
# 하나에게

◊

그때에 임금이 그 오른편에 있는 자들에게 이르시되 내 아버지께 복 받을 자들이여 나아와 창세로부터 너희를 위하여 예비된 나라를 상속받으라 내가 주릴 때에 너희가 먹을 것을 주었고 목마를 때에 마시게 하였고 나그네 되었을 때에 영접하였고 … 내가 진실로 너희에게 이르노니 너희가 여기 내 형제 중에 지극히 작은 자 하나에게 한 것이 곧 내게 한 것이니라(마 25:34-35, 40).

'손님 대접'이란 단어는 다정다감한 친절, 다과회, 밋밋한 대화, 대체로 아늑한 분위기 등의 이미지를 불러일으킬 수 있다. 그만한 이유가 있을 것이다. 우리 문화에서 손님 대접이란 개념이 그 위력을 다분히 잃었기 때문이다. 그나마 손님 대접을 중시하는 기독교에서도 그것은 진정한 영성의 진지한 추구라기보다 희석된 경건에 더 가까워졌다. 그래도 본연의 깊이와 파급력을 되찾을 만한 개념이 있다면 바로 손님 대접이다.

성경에서 가장 후한 단어 중 하나인 손님 대접은 인간 관계에 대한 우리의 통찰을 심화하고 넓혀 준다. 신구약 성경의 여러 이야기에 보면 나그네를 집에 맞아들이는 게 우리의 중대한 의무이며 또한 손님도 귀한 선물을 가져온다. 주인이 받아들이기만 한다면 손님도 선물을 풀어놓으려 한다. 아브라함이 마므레에서 세 나그네를 영접하여 물과 떡과 기름지고 좋은 송아지 고기를 대접하자 그들은 그의 아내 사라에게 장차 아들이 있을 것을 예고했다(창 18:1-15). 사르밧의 과부가 엘리야에게 음식과 거처를 내주자 엘리야는 기름과 양식을 풍성히 채워 주고 과부의 죽은 아들까지 살려냈다(왕상 17:9-24). 엠마오로 가던 두 사람이 길에서 합류한 낯선 사람을 초대하여 함께 묵어가게 하자 그분은 자신의 정체를 드러내며 떡을 떼어 주셨다(눅 24:13-35).

　　적의가 대접으로 바뀌면 무서운 타인이 손님이 되어 주인에게 자신이 가져온 약속을 내보일 수 있다. 사실 알고 보면 주인과 손님의 구분은 허구에 불과하며 새로 맺은 연합 속에서 증발해 버린다. 이렇듯 성경의 여러 일화를 통해 우리는 손님 대접이 중요한 덕목임을 깨달을 뿐 아니라, 나아가 대접의 정황 속에서 손님과 주인이 각자의 귀한 선물을 풀어놓아 서로에게 새로운 삶을 가져다줄 수 있음을 깨닫는다.

　　변하지 않는 사실이 있다. 외로움은 종종 적대 행위를 낳지만 자발적 고독은 손님 대접의 토양이다. 외로운 사람은 남의 호감과 사랑을 얻어 내려는 욕구에 사로잡힌 나머지 주위 환경의 많은 신호에 과민해지고, 그래서 자신을 밀어낸다고 생각되는 대상에게는 금세 적대감을 느낀다. 그러나 일단 마음과 삶의 중심을 찾고 홀로됨을 운명이 아니라 소명으로 받아들이면, 우리는 남에게 자유를 줄 수 있다. 일단 완전히 채워지려는 욕심을 버리면 비어 있는 그대로 남을 대접할 수 있다. 일단 가난해지면 좋은 주인이 될 수 있다. 가난할수록 잘 베푼다는 것이 곧 손님 대접의 역설이다. 가난이란 내 방어적 태도를 버리고 적을 친구

삼을 수 있는 내적 성향이다. 방어할 것이 있어야 낯선 이를 적으로 인식할 수 있는 법이다. 그러나 "들어오시오. 내 집이 당신 집이고 내 기쁨이 당신의 기쁨이고 내 슬픔이 당신의 슬픔이고 내 삶이 당신의 삶입니다"라고 말하는 사람은 방어할 것이 전혀 없다. 잃을 것이 하나도 없고 온통 줄 것뿐이기 때문이다.

다른 뺨을 돌려 댄다는 것은 내 적에게 다음 사실을 밝힌다는 뜻이다. 내가 내 사유 재산 - 그것이 무엇이든, 즉 지식이나 명예나 땅이나 돈이든 기타 내 주변에 끌어모은 잡다한 물건이든 - 에 노심초사 매달릴 때에만 원수는 정녕 내 원수가 될 수 있다는 사실이다. 나한테서 훔치려고 하는 것을 내 편에서 몽땅 선물로 준다는 데 누가 내게 강도짓을 하겠는가? 진실만이 자신에게 유익한 상황에서 누가 우리에게 거짓말할 수 있겠는가? 우리의 앞문이 활짝 열려 있는데 누가 뒷문으로 몰래 들어오려 하겠는가?

✝

**우리의 기도**


사랑하는 주님,

마음이 온유하고 겸손하신 주님을 닮게 하소서.

주님의 자비와 온유를 보여 주소서.

말로는 늘 "주님이 나를 사랑하신다"라고 되뇌지만

이 진리가 제 마음 중심에

닿지 않을 때가 너무 많습니다.

이 사순절 묵상을 통해

주님의 사랑에 저항하는 마음을 모두 버리게 하시고,

주님께로 더 가까이 가게 하소서.

예수님의 이름으로 기도드립니다. 아멘.

**Day 6**

# 독백이 아닌
# 진짜 기도

◊

또 기도할 때에 이방인과 같이 중언부언하지 말라 그들은
말을 많이 하여야 들으실 줄 생각하느니라 그러므로 그들
을 본받지 말라 구하기 전에 너희에게 있어야 할 것을 하나
님 너희 아버지께서 아시느니라(마 6:7-8).

많은 이들에게 기도란 하나님과의 대화이다. 그런데 이 기도가 거의 일방적인 일처럼 느껴지다 보니 그냥 내 쪽에서 하나님께 하는 말이 되고 만다. 이런 개념만으로도 엄청난 좌절에 빠진다. 우리는 문제를 아뢰면서 해답을 기대하고, 질문을 드리면서 응답을 기대하고, 인도를 구하면서 반응을 기대한다. 그런데 점점 허공에 대고 말하는 것처럼 느껴지면, 머잖아 하나님과의 대화가 사실은 독백이 아닌가 하는 생각이 드는 것도 당연하다. 그러면 이런 의문이 뒤따를 수 있다. '내가 정말로 말하고 있는 대상은 하나님인가 아니면 나 자신인가?'

우리의 머리는 하나님에 대한 개념으로 가득할지 모르나 우리 마음은 그분과 거리가 멀다. 이것이 우리 기도 생활의 위기다.

당신의 마음에 귀 기울여야 한다. 예수께서 당신에게 가장 친밀하게 말씀하시는 곳이 바로 당신의 마음이기 때문이다. 기도란 무엇보다도 당신의 마음속 가장 깊은 곳에 거하시는 예수님의 음성을 듣는 일이다. 그분은 고함치지 않으신다. 억지로 밀고 들어오지 않으신다. 그분의 음성은 겸손한 음성이요 거의 속삭임에 가까운 부드러운 사랑의 음성이다. 평생 무슨 일을 하며 살든 당신의 마음속에 계시는 예수님의 음성에 귀 기울이며 살라. 그 사랑의 음성은 능동적으로 아주 집중해서 들어야 한다. 분주하고 시끄러운 세상에서 다른 소리에 쉽게 파묻히기 때문이다. 그분의 음성을 이렇게 능동적으로 들으려면 매일 일정한 시간을 따로 뗄 필요가 있다. 10분도 좋다. 매일 예수님과 단둘이 10분만 보내도 당신의 삶은 근본적으로 달라질 것이다.

단 10분도 가만히 있기가 쉽지 않음을 알게 될 것이다. 다른 많은 소리, 아주 시끄럽고 산만한 소리, 하나님의 음성이 아닌 소리가 당신의 주의를 끌려고 하는 게 즉시 느껴질 것이다. 그래도 매일의 기도 시간을 꾸준히 지켜 간다면 서서히 그러나 분명히 그 부드러운 사랑의 음성이 들려올 것이고, 그럴수록 듣고 싶은 마음이 더 간절해질 것이다.

～

깊은 침묵 속에서 찾아드는 의문이 있다. 기도란 본래 수용이 아닐까? 기도하는 사람은 세상을 향해 두 팔을 벌리고 선다. 그들이 알다시피 하나님은 주변의 자연 속에서, 만나는 사람들 속에서, 부딪치는 상황 속에서 그분 자신을 보여 주신다. 그들은 세상 속에 하나님의 비밀이 담겨 있음을 믿고, 그 비밀이 자신에게도 밝혀질 것을 기대한다. 기도하면 그렇게 마음이 열린다. 그래야 그분이 우리에게 자신을 주실 수 있다. 정말 하나님은 자신을 주기를 원하신다. 친히 창조하신 사람에게 자신을 내주시고 싶어 심지어 자신이 인간의 마음속에 받아들여지기를 간청하신다.

✝

## 우리의 기도

주님, 마음을 늘 주님께로 향하기가 왜 이렇게 어려운가요?
생각은 왜 사방팔방을 떠돌고,
마음은 왜 길을 잃게 할 것들을 갈망할까요?
혼란의 한복판에서 주님의 임재를 느끼게 하소서.
지친 몸과 어지러운 생각과 불안한 영혼을 품어 주소서.
제게 안식을, 맑고 평온한 쉼을 주소서.
마음속 가장 깊은 곳의 주님 음성을 듣게 하소서.
당신과 친밀한 교제를 하게 하소서.
예수님의 이름으로 기도드립니다. 아멘.

# Day 7

## 하나님은
## 존재하신다

◊

두렵고 떨림으로 너희 구원을 이루라 너희 안에서 행하시
는 이는 하나님이시니 자기의 기쁘신 뜻을 위하여 너희에
게 소원을 두고 행하게 하시나니 모든 일을 원망과 시비가
없이 하라 이는 너희가 흠이 없고 순전하여 … 하나님의 흠
없는 자녀로 … 나타내며(빌 2:12-15).

하나님은 존재하신다. 자신 있게 말할 수 있다면 사도 요한이 말한 '하나님을 아는 지식'과 성 바실리오가 말한 '하나님에 대한 기억'이 있는 것이다. 자신의 모든 소유와 생각과 감정과 존재를 실어 "하나님은 존재하신다"라고 말하는 것이야말로 인간이 할 수 있는 가장 천지개벽에 가까운 진술이다. 그렇게 고백하면 지적, 정서적, 감정적, 영적 이해의 모든 구분이 사라지고 딱한 가지 선포할 진리만 남는다. 바로 하나님이 존재하신다는 것이다. 우리가 마음으로 그렇게 말하면 하늘과 땅의 모든 것이 떤다. 그분이 존재하실진대 다른 모든 존재하는 것은 그분에게서 흘러나오기 때문이다.

하나님의 존재를 내가 참으로 아는지를 알려면 나 자신을 어떻게 경험하는지를 보면 된다. 나는 내 의식주의 욕구를 인식한다. 지적, 신체적, 예술적 기술과 그것을 구사하고 싶은 충동을 인식한다. 분노와 정욕과 복수심과 원한과 때로 남을 해치고 싶은 마음까지도 인식한다. 내가 존재한다는 사실이 내게는 중심 요소다. 내 마음은 자신의 존재로 가득하며, 어디를 보나 내가 존재한다는 자의식에 늘 갇혀 있다. 미움과 사랑은 상반된 경험이고 권력욕과 섬기려는 마음도 서로 다르지만, 나라는 존재를 가장 중요하게 여기는 한 그 모든 것은 본질적으로 같다.

그러나 "하나님은 존재하신다"라고 말하는 순간 더는 내 존재가 중심을 차지할 수 없다. 그분을 알면 내 존재도 철저히 그분에게서 기원했음을 알 수밖에 없기 때문이다. 이것이 진정한 변화의 체험이다. 이제 나는 내 존재를 중심으로 하나님의 존재를 추론하거나 투사하거나 연역하거나 직관하지 않는다. 먼저 그분을 알아야만 내 존재도 알 수 있음을 깨닫는다. 그분이 먼저 나를 사랑하셨기 때문에 나 자신과 이웃을 사랑할 수 있음을 비로소 실감한다. 인생을 바꾸어 놓는 체험이란 내 존재의 생활 방식을 내가 결정할 수 있다는 소위 자아 발견이 아니라 내 존재 자체가 중심일 수 없다는 인식이다. 일단 하나님을 '알면' – 즉 내가 인간으로서 겪는 모든 일이 하나님의 사랑에서 기원한 것임을 체험하면 – 내게 남는 바람은 하나뿐이다. 바로 그 사랑 안에 머무는 것이다.

∾

진정으로 회심한 사람은 아무것도 더는 중요하지 않다고 말하는 게 아니라, 모든 존재하는 것은 하나님 안에 있으며 우리도 그분 안에 거할 때 세상의 이치를 깨닫는다고 말한다. "하나님이 존재하신다는 것을 알았으니 이제 아무것도 중요하지 않다"라고 말하는 게 아니라, "이제 모든 것이 하나님의 빛을 두르고 있으며 그래서 아무것도 사소하지 않다"라고 말한다. 회심한 사람은 하나님의 눈과 귀와 마음으로 보고 듣고 이해한다. 자신과 온 세상을 그분을 통해서 보고 안다. 회심한 사람은 하나님이 계시는 곳에 머문다. 거기서는 마실 물을 주고, 헐벗은 자를 입히고, 세상 질서를 바로잡으려 애쓰고, 기도하고, 아이를 보며 웃어 주고, 책을 읽고, 편히 자는 것 등 모든 일이 중요하다. 이 세상의 모든 것이 이전과 같으나 완전히 달라져 있다.

✝

## 우리의 기도

주여, 당신의 은밀한 곳에 거하고,
전능자의 그늘 아래 살게 하소서.
주님은 저의 피난처요, 요새요, 의뢰하는 하나님이십니다.
어떠한 화도 제게 미치지 못하고,
어떠한 재앙도 제 삶의 근처에 오지 못할 것을 압니다.
주께서 모든 천사들에게 명령하사
인생의 모든 길에서 저를 지키심을 믿습니다.

전능자 하나님은 전부이십니다.

당신을 만난 후 모든 것이 달리 보입니다.

주님의 존재를 선포하는 하루 되게 하소서.

예수님의 이름으로 기도드립니다. 아멘.

**Day 8**

# 오직 아버지의
# 뜻대로

◇

그러므로 너희 담대함을 버리지 말라 이것이 큰 상을 얻게
하느니라 너희에게 인내가 필요함은 너희가 하나님의 뜻
을 행한 후에 약속하신 것을 받기 위함이라(히 10:35-36).

우리가 예수님에 대해 아는 모든 사실이 가르쳐 주는 바는 그분의 관심이 오직 한 가지, 곧 아버지의 뜻을 행하는 데 있었다는 것이다. 복음서 어디를 보아도 아버지를 향한 그분의 일편단심의 순종보다 더 인상 깊은 것은 없다. 예수님이 맨 처음 성전에서 "내가 내 아버지 집에 있어야 될 줄을 알지 못하셨나이까"(눅 2:49)라고 하신 것부터 마지막으로 십자가에서 "아버지 내 영혼을 아버지 손에 부탁하나이다"(눅 23:46)라고 하신 것까지, 그분의 유일한 관심사는 아버지의 뜻을 행하는 것이었다.

그분은 "아들이 아버지께서 하시는 일을 보지 않고는 아무것도 스스로 할 수 없나니"(요 5:19)라고 말씀하신다. 예수님이 하신 일은 아버지께서 하라고 보내신 일이며, 예수님이 하신 말씀은 아버지께서 하라고 주신 말씀이다. 여기에 대해 그분은 조금도 다른 여지를 남기지 않으신다. 다음 두 구절도 이를 잘 나타낸다. "만일 내가 내 아버지의 일을 행하지 아니하거든 나를 믿지 말려니와"(요 10:37). "너희가 듣는 말은 내 말이 아니요 나를 보내신 아버지의 말씀이니라"(요 14:24).

예수님이 우리 구주이신 것은 단순히 그분이 우리를 위해 하신 말씀과 행하신 일 때문만이 아니다. 그분이 우리 구주이신 이유는 그분이 하신 말씀과 행하신 일이 아버지께 순종해서 하신 말씀이고 행하신 일이었기 때문이다. 그래서 사도 바울은 이렇게 말할 수 있었다. "한 사람이 순종하지 아니함으로 많은 사람이 죄인 된 것같이 한 사람이 순종하심으로 많은 사람이 의인이 되리라"(롬 5:19). 예수님은 순종의 삶을 사셨다. 삶의 중심이 곧 아버지께 순종하시는 것이었다.

　우리 삶은 마땅히 예수님의 삶처럼 되어야 한다. 예수님 사역의 최종 목표는 우리를 아버지 집으로 데려 가시는 것이다. 예수님은 우리를 죄와 사망의 굴레에서 해방하기 위해 오셨을 뿐 아니라 또한 우리를 자신의 신성한 삶의 친밀함 속으로 이끌고자 오셨다. 우리로서는 그 뜻을 가히 상상하기 어렵다. 우리는 예수님과 우리 사이의 거리를 강조하는 경향이 있다. 예수님을 우리 죄 많고 망가진 인간으로서는 다가갈 수 없는, 하나님의 전지전능하신 아들로만 보는 것이다. 그러나 이는 예수님이 자신의 생명을 주시려고 우리에게 오셨다는 사실을 망각한 것이다.

　그분이 오신 것은 아버지와의 사랑의 공동체 속으로 우리를 들어 올리시기 위함이다. 예수님의 사역의 이런 근본 목표를 인식할 때에만 영적 삶의 의미를 바로 이해할 수 있다. 그분께 속한 모든 것이 이제 우리 몫으로 주어져 있다. 그래서 예수께서 하시는 모든 일을 우리도 할 수 있다.

✝

## 우리의 기도

주님, 우리 안에 정한 마음을 창조하시고
정직한 영을 새롭게 부어 주십시오.
그리하여 그리스도의 사명을 우리도 따르게 하소서.
저를 주님 앞에서 내쫓지 마시고,
주님의 성령을 제게서 결코 거두지 마소서.
예수님처럼 사는 인생이 되게 하소서.
순종의 길을 따르게 하소서.
예수님의 이름으로 기도드립니다. 아멘.

## Day 9

용서받은 자의
용서

◊

그러므로 예물을 제단에 드리려다가 거기서 네 형제에게
원망 들을 만한 일이 있는 것이 생각나거든 예물을 제단 앞
에 두고 먼저 가서 형제와 화목하고 그 후에 와서 예물을
드리라 너를 고발하는 자와 함께 길에 있을 때에 급히 사화
하라(마 5:23-25).

나를 용서하시려는 하나님의 열심에 대해 묵상하자. 시편 103편에는 "동이 서에서 먼 것같이 우리의 죄과를 우리에게서 멀리 옮기셨으며"(12절)라고 밝혀져 있다. 이렇게 견딜 수 없이 심란할 때면 나는 끝없이 베푸시는 그분의 용서에 감격한다. 죄를 지었어도 회개하는 마음으로 그분께 돌아가면 그분은 늘 우리를 품어 주시고 다시 시작하게 해 주신다. "여호와는 긍휼이 많으시고 은혜로우시며 노하기를 더디 하시고 인자하심이 풍부하시도다"(시 103:8).

우리는 자신에게 정말 잘못한 사람을 잘 용서하지 못하며, 잘못이 반복될 때는 특히 더 용서하기 어렵다. 두 번, 세 번, 네 번 용서해 달라고 하면 상대의 진정성이 의심스러워진다. 그러나 하나님은 셈하지 않으시며, 우리가 돌아오기만을 기다리실 뿐 원망이나 복수심이 없으시다. 그분은 우리가 집으로 오기를 원하신다. "여호와의 인자하심은 … 영원부터 영원까지 이르며"(17절).

남을 용서하기가 힘들게 느껴지는 이유는 어쩌면 내가 용서받은 사람임을 온전히 믿지 않기 때문일 것이다. 이미 용서받았으므로 죄책감이나 수치심 속에 살아갈 필요가 없다. 이 사실을 충분히 받아들이면 정말 자유로워질 테고, 그 자유 덕분에 일곱 번을 일흔 번까지라도 남을 용서할 수 있다. 그러나 용서하지 않으면 복수심에 얽매여 내 자유를 잃는다. 용서받은 사람은 용서한다. 바로 그것을 선포하는 게 "우리가 우리에게 죄 지은 자를 사하여 준 것같이 우리 죄를 사하여 주시옵고"(마 6:12)라는 기도다. 이 평생의 씨름이 그리스도인의 삶의 핵심을 이룬다.

∾

하나님의 사랑은 무조건적이다. 오직 그 사랑을 통해서만 우리는 폭력 없이 더불어 살 수 있다. 하나님은 우리의 존재와 행위가 어떠하든 우리를 깊이 사랑하시며 언제까지나 계속 사랑하실 것이다. 그것을 알면 인간에게 그들이 줄 수 있는 것 이상을 기대하지 않게 된다. 혹시 내게 상처를 입혀도 너그러이 용서할 수 있고, 내게 적의를 품어도 사랑으로 응할 수 있다. 그렇게 함으로써 우리는 인간의 새로운 존재 양식과 세상의 문제에 대한 새로운 반응 양식을 나타내 보일 수 있다.

✝
## 우리의 기도

주여, 여호와를 송축하며,

주가 베푸신 모든 은총을 기억합니다.

지은 죄를 따라 저를 벌하지 않으시고,

그 행위대로 갚지 않으시는 여호와를 찬양합니다.

주를 경외하오니, 주님의 인자하심을 베풀어 주소서.

동이 서에서 먼 것같이 우리를 죄악에서 멀리 옮기시고,

아비가 자식을 긍휼이 여기는 것같이 긍휼을 베푸소서.

원하옵기는 오늘 하루, 용서받은 자답게

용서하는 자 되게 하소서.

그리하여 세상과 구별된 그리스도인으로 살게 하소서.

예수님의 이름으로 기도드립니다. 아멘.

**Day 10**

# 원수까지도
# 사랑하다

◊

나는 너희에게 이르노니 너희 원수를 사랑하며 너희를 박해하는 자를 위하여 기도하라 이같이 한즉 하늘에 계신 너희 아버지의 아들이 되리니 이는 하나님이 그 해를 악인과 선인에게 비추시며 비를 의로운 자와 불의한 자에게 내려주심이라(마 5:44-45).

그리스도인은 서로를 위해 기도하며(롬 1:9, 고후 1:11, 엡 6:18, 골 4:3), 이로써 기도 대상을 도울 뿐 아니라 심지어 구원에 이르게 한다(롬 15:30, 빌 1:19). 그러나 긍휼히 여기는 기도의 종착지는 주변 그리스도인과 공동체 가족과 친구와 친척이라는 범위를 벗어난다. 예수께서 그 점을 더없이 명백하게 밝히셨다. "나는 너희에게 이르노니 너희 원수를 사랑하며 너희를 박해하는 자를 위하여 기도하라"(마 5:44). 십자가에 달려 고통이 극에 달하셨을 때도 그분은 자신을 죽이는 자들을 위해 "아버지 저들을 사하여 주옵소서 자기들이 하는 것을 알지 못함이니이다"(눅 23:34)라고 기도하셨다. 여기서 기도 훈련의 진면목을 볼 수 있다. 기도할 때 우리는 나를 사랑하는 사람만 아니라 나를 미워하는 사람까지도 심중에 품을 수 있다. 그게 가능하려면 기꺼이 원수를 자신의 일부로 삼아 우선 우리 마음속에서부터 그들을 변화시켜야만 한다.

주의 부름을 받은 우리는 원수를 떠올리며 그들을 위해 기도해야 한다. 물론 쉽지 않다. 이를 위해서는 나를 미워하는 이들이나 내가 적대감을 품고 있는 이들을 내 마음속 내밀한 중심으로 들여놓는 훈련이 필요하다. 우리 삶을 고달프게 만들고 우리에게 좌절과 고통과 해를 입히는 자들이야말로 우리 심중에 자리를 차지하기가 극히 어렵다. 그러나 우리가 적에 대해 노심 초사하는 마음을 떨치고 자신을 괴롭히는 이들의 외침을 기꺼이 들을 때마다 그들도 우리 눈에 형제자매로 보일 것이다. 그러므로 원수를 위한 기도는 현실적인 일이요 화해의 사건이다. 원수를 하나님의 임재 안에 올려 드리면서 동시에 계속 미워하기란 불가능하다. 기도의 자리에서 보면 악랄한 독재자와 악질 고문자도 더는 두려움과 증오와 복수의 대상으로 보이지 않는다. 기도할 때 우리는 하나님의 긍휼이라는 거대한 신비의 한복판에 서 있기 때문이다. 기도하면 적도 친구로 바뀐다. 그런 면에서 기도는 새로운 관계의 시작이다.

원수를 위한 기도보다 더 강한 기도는 없을 것이다. 하지만 그것은 가장 어려운 기도이기도 하다. 우리의 본능에 가장 어긋나기 때문이다. 일부 성인(聖人)이 원수를 위한 기도를 거룩함의 핵심 기준으로 보는 것도 그 때문이다. "너희 원수를 사랑하며 너희를 미워하는 자를 선대하며 너희를 저주하는 자를 위하여 축복하며 너희를 모욕하는 자를 위하여 기도하라"(눅 6:27-28).

∾

비폭력 저항의 본질은 물론이고 예수님 가르침의 핵심을 잘 보여 주는 말씀이다. 누가 당신에게 복음서에서 가장 급진적인 말씀이 무어냐고 묻거든 조금도 망설일 것 없이 "원수를 사랑하라"라고 답하면 된다. 예수님이 선포하시는 사랑을 우리에게 가장 확실히 보여 주는 것이 바로 이 말씀이다. 예수님의 제자가 된다는 것의 의미도 이 말씀 속에 가장 명확히 표현되어 있다. 원수를 사랑하는 것이야말로 그리스도인의 시금석이다.

✝
# 우리의 기도

오 주님, 우리는 주의 백성이오니

주님의 은총과 사랑을 베푸소서.

그 사랑을 머리로만 아는 게 아니라

삶으로 체험하게 하소서.

우리가 서로 사랑할 수 있음은

오직 주께서 우리를 먼저 사랑하셨기 때문입니다.

그 처음 사랑을 알게 하소서.

그리하여 인간의 모든 사랑을

더 큰 사랑의 반사체로 보게 하소서.

주님이 보이신 사랑을 본받아

원수까지도 사랑하게 하소서.

예수님의 이름으로 기도드립니다. 아멘.

사순절 시작:
재의 수요일
내려가는 길

사순절 셋째 주
주의 세미한 음성을
들으며

사순절 첫째 주
아버지의 뜻을 따라

사순절 둘째 주
# 섬기시는
# 하나님

사순절 넷째 주

**고통을 통과한 영광**

사순절 다섯째 주

**하나님의 눈먼 사랑**

사순절 여섯째 주: 고난주간

**십자가의 길**

부활주일

**죽음에서 생명으로**

## 주일

# 나를
# 기념하라

◇

말할 때에 홀연히 빛난 구름이 그들을 덮으며 구름 속에서
소리가 나서 이르시되 이는 내 사랑하는 아들이요 내 기뻐
하는 자니 너희는 그의 말을 들으라 하시는지라 (마 17:5).

함께 떡을 뗄 때 우리는 그리스도의 삶과 그분 안에 있는 우리 삶을 서로에게 드러낸다. 예수님은 떡을 취하여 축사하신 뒤 떼어 친구들에게 주셨다. 굶주린 무리를 보고 불쌍히 여기실 때도 그러셨고(마 14:19, 15:36), 죽으시기 전날 밤 작별하실 때도 그러셨고(마 26:26), 엠마오로 가는 길에서 두 제자를 만나 자신을 알려 주실 때도 그러셨다(눅 24:30). 그분이 죽으신 뒤로 지금까지 그리스도인들도 떡을 떼며 그분을 기념해 왔다.

이렇듯 떡을 떼는 행위는 그리스도의 이야기와 우리의 이야기를 동시에 경축하여 현존하게 한다. 떡을 들고 축사한 뒤 떼어 나눌 때 그리스도의 삶의 신비가 가장 명징하게 표현된다. 아버지께서 독생자를 취하여 세상에 보내신 것은 그 아들로 말미암아 세상이 구원받게 하려 하심이다(요 3:17). 요단강과 다볼 산에서 아버지는 "이는 내 사랑하는 아들이요 내 기뻐하는 자라 … 너희는 그의 말을 들으라"(마 3:17, 17:5)라는 말씀으로 아들에게 복을 주셨다. 복되신 그 아들이 십자가에서 찢기셨다. "그가 찔림은 우리의 허물 때문이요 그가 상함은 우리의 죄악 때문이라"(사 53:5). 그렇게 죽으심으로써 그분은 자신을 우리의 양식으로 내주셨다. "이것은 너희를 위하여 주는 내 몸이라"(눅 22:19)라고 최후의 만찬석상에서 제자들에게 하신 말씀을 이루신 것이다.

예수 그리스도는 이렇게 취하여 축사하고 떼어 주신 자신의 삶에 우리가 동참하기를 원하신다. 그래서 제자들과 함께 떡을 떼실 때 "너희가 이를 행하여 나를 기념하라"(눅 22:19)라고 당부하셨다. 함께 떡을 떼고 포도주를 마셔 예수님을 기념할 때 우리는 긍휼이 풍성하신 그분의 삶과 긴밀하게 연결된다. 사실은 우리가 곧 그분의 삶이 되어 각자의 시공 속에서 능히 그분의 삶을 대변하게 된다.

❧

이것이 성육신의 위대한 신비다. 하나님은 우리와 함께하시는 인간이 되려고 우리 인간에게 내려오셨다. 우리 중에 오신 그분은 다시 완전히 버림받는 사형 선고의 자리까지 낮아지셨다. 1세기의 기독교에는 예수님의 내려가는 삶에 대해 이미 불리던 찬송이 있었다. 바울은 교인들에게 인생 사다리의 하향적 삶을 권하고자 그 찬송을 빌립보서에 인용한다.

너희 안에 이 마음을 품으라
곧 그리스도 예수의 마음이니
그는 근본 하나님의 본체시나

하나님과 동등됨을

취할 것으로 여기지 아니하시고

오히려 자기를 비워

종의 형체를 가지사

사람들과 같이 되셨고

사람의 모양으로 나타나사

자기를 낮추시고

죽기까지 복종하셨으니

곧 십자가에 죽으심이라.


여기 하나님의 사랑의 길이 아주 명백하게 압축 표현되어 있다. 그것은 가장 가난한 자리, 생명마저 빼앗기는 범죄자의 자리까지 낮아지고 또 낮아지는 길이다.

예수님은 아버지께 받은 사랑과 똑같은 사랑으로 제자들을 사랑하신다. 이 사랑은 예수님과 아버지를 하나 되게 하듯 제자들과 예수님 또한 하나 되게 한다.

## 우리의 기도

주님, 사랑하시는 예수님의 말씀을
들으라 하셨지요.
주님의 말씀으로 우리를 양육하시고
영혼의 눈을 깨끗하게 해 주소서.
그리하여 주님의 영광을 알게 하소서.
예수님의 이름으로 기도드립니다. 아멘.

# Day 11

## 고통의 자리에
## 들어가며

◊

너희 아버지의 자비로우심같이 너희도 자비로운 자가 되라 비판하지 말라 그리하면 너희가 비판을 받지 않을 것이요 정죄하지 말라 그리하면 너희가 정죄를 받지 않을 것이요 용서하라 그리하면 너희가 용서를 받을 것이요(눅 6:36-37).

"너희 아버지의 자비로우심같이 너희도 자비로운 자가 되라"(눅 6:36)라는 예수님의 명령은 하나님의 긍휼에 동참하라는 뜻이다. 예수님의 명령에 따라 우리는 경쟁에 매달리는 자아의 환상에서 벗어나, 정체성의 출처로 붙들던 가상의 구별을 버리고, 그분과 같이 하나님과 친밀해져야 한다. 이것이 그리스도인의 삶의 신비다. 이는 곧 새로운 자아가 되는 일이다.

이 새로운 정체성의 근거는 우리가 뭔가를 성취하는 게 아니라 하나님의 삶을 기꺼이 받아들이는 데 있다. 새로운 자아는 그리스도를 통해 그 삶에 동참한다. 예수님은 자신이 하나님께 속한 것처럼 우리도 하나님께 속하기를 원하시고, 자신이 하나님의 아들이신 것처럼 우리도 하나님의 자녀가 되기를 원하신다. 두려움과 의심에 찌든 기존의 삶을 버리고 하나님의 새로운 삶을 받아들이라는 뜻이다. 그리스도 안에서 새로운 정체성을 받으면 "나라는 존재의 자존감은 경쟁으로 얻어 내는 것이 아니라 하나님께 거저 받는 사랑으로 얻게 된다"라고 고백할 수 있다. 우리도 바울처럼 "그런즉 이제는 내가 사는 것이 아니요 오직 내 안에 그리스도께서 사시는 것이라"(갈 2:20)라고 고백할 수 있다.

예수 그리스도의 자아인 이 새로운 자아 덕분에 우리도 아버지의 자비로우심같이 자비로운 자가 될 수 있다. 그분과 연합할 때 우리는 경쟁에서 벗어나 하나님의 온전하심 속에 거할 수 있다. 경쟁이라고는 없는 그분의 온전하심에 동참하면 서로를 긍휼히 여길 수 있다. 우리의 정체성을 모든 생명의 원천이신 그분에게서 받으면 거리감이나 두려움 없이 서로 함께 있을 수 있다. 탐심과 권력욕이 없는 이 새로운 정체성 덕분에 우리는 타인의 고난 속에 아무 조건 없이 온전히 들어갈 수 있다. 이때 병자를 고치고 죽은 자를 살리는 일도 가능해진다.

하나님의 긍휼에 동참하면 전혀 새로운 생활 방식이 우리 앞에 열린다. 사도들을 위시하여 그리스도를 증언한 고금의 위대한 그리스도인들에게서 그런 삶을 엿볼 수 있다. 하나님의 긍휼은 우리가 지어내는 긍휼처럼 경쟁의 일부가 아니라 오히려 새로운 생활 방식의 표출이다. 그렇게 살아가면 사람과 사람 사이에 비교와 대립과 경쟁이 서서히 사라진다.

긍휼은 우리를 아픔이 있는 곳으로 보낸다. 고통의 자리에 들어가 상처와 두려움과 혼란과 고뇌에 동참하게 한다. 긍휼은 우리를 떠밀어 불행한 자와 함께 절규하고, 외로운 자와 함께 애통하고, 눈물 흘리는 자와 함께 울게 한다. 약한 자와 함께 약해지고, 어린 자와 함께 여려지고, 무력한 자와 함께 무력해지게 한다. 긍휼이란 인간 조건 속에 충분히 잠긴다는 뜻이다. 함께 고통당하는 게 긍휼이므로 당연히 긍휼은 종종 우리 안에 깊은 저항과 반감을 불러일으킨다. 그래서 "이것은 자학이고 마조히즘이다. 고통에 대한 병적 관심이고 병든 욕망이다"라고 말하고 싶어진다. 이런 저항을 그대로 인정하는 게 중요하다. 알다시피 고생을 바라거나 고난이 좋다는 사람은 없다. 오히려 우리는 어떻게든 고난을 피하려 한다. 그래서 긍휼은 우리의 가장 본능적 반응에 속하지 않는다. 고통을 외면하는 게 인지상정이며, 고난이 좋다는 사람은 우리가 보기에 비정상이거나 적어도 매우 특이하다.

✝

# 우리의 기도

오 주 예수님,

아버지의 긍휼과 사랑을 보이시려고

우리에게 오신 주님!

주의 백성에게 이 사랑을 알려 주소서.

우리 마음과 뜻과 목숨을 다해 알게 하소서.

경쟁과 대립으로 주저앉은 우리를 찾아오소서.

고난과 고통으로 힘겨운 우리에게 당신의

자비를 베풀어 주소서.

긍휼하심을 입어

새로운 자아를 입는

하루 되게 하소서.

예수님의 이름으로 기도드립니다. 아멘.

**Day 12**

# 낮아지고
# 또 낮아지시다

◊

너희 중에 큰 자는 너희를 섬기는 자가 되어야 하리라 누구
든지 자기를 높이는 자는 낮아지고 누구든지 자기를 낮추
는 자는 높아지리라 (마 23:11-12).

예수님은 우리에게 그분을 따라 낮아지는 길을 가게 하신다. 신약성경에는 이런 주님의 명령을 보여 주는 구절이 많다. "자기를 낮추는 자는 높아지리라"(눅 14:11). "누구든지 나와 복음을 위하여 자기 목숨을 잃으면 구원하리라"(막 8:35). "누구든지 이 어린아이와 같이 자기를 낮추는 사람이 천국에서 큰 자니라"(마 18:4). "누구든지 나를 따라오려거든 자기를 부인하고 자기 십자가를 지고 나를 따를 것이니라"(막 8:34). "심령이 가난한 자는 … 애통하는 자는 … 주리고 목마른 자는 … 박해를 받은 자는 복이 있나니"(마 5:3-10). "너희 원수를 사랑하며 너희를 박해하는 자를 위하여 기도하라"(마 5:44).

이것이 예수님의 길이다. 그분은 제자들을 이 길로 부르신다. 처음에는 이 길이 우리에게 무섭거나 적어도 당혹스러워 보인다. 낮아지고 싶은 사람, 나중 되고 싶은 사람, 어린아이처럼 무력해지고 싶은 사람, 목숨을 잃고 싶은 사람, 가난해지고 애통하고 주리고 싶은 사람이 어디 있겠는가? 이 모두는 우리의 본능적 성향에 어긋나 보인다. 그러나 예수님은 철저한 하향 이동을 통해 우리에게 하나님의 속성인 긍휼을 보여 주신다. 일단 그것을 깨달으면, 그분을 따른다는 일이 곧 끊임없이 자신을 계시해 주시는 하나님께 동참하는 일임을 알게 된다.

❧

예수님은 내려가는 삶의 위대한 신비를 우리에게 보여 주신다. 그것은 고난의 길이자 치유의 길이다. 굴욕의 길이자 부활의 길이다. 눈물의 길이지만 그 눈물이 기쁨의 눈물로 바뀌는 길이다. 은밀한 길이지만 만인에게 빛을 비추는 길이다. 박해와 압제와 순교와 죽음의 길이지만 하나님의 사랑을 온전히 드러내는 길이다. 요한복음에서 예수님은 "모세가 광야에서 뱀을 든 것 같이 인자도 들려야 하리니"라고 말씀하신다. 이 말씀에서 우리는 예수님의 내려가는 삶이 어떻게 올라가는 삶이 되는지 볼 수 있다. "들려야" 한다는 것은 말할 수 없는 치욕으로 십자가에 달리신다는 뜻이지만, 동시에 말할 수 없는 영광으로 죽음을 이기고 다시 살아나신다는 뜻이다.

당신의 삶 속에서 예수님을 본받아 내려가는 길을 어떻게 찾아야 할지 궁금할 것이다. 그것은 사람마다 답이 다른 지극히 개인적인 질문이며, 결국 당신 자신 외에는 아무도 답할 수 없다. 이는 단순히 돈이나 소유나 지식이나 친구나 가족을 버리는 문제가 아니다. 물론 그래야 했던 사람들도 있지만 그것은 순전히 개인적으로 그 길에 부르심을 느꼈기 때문이다. 우리는 각자 자신의 길을 찾아야 한다. 내려가는 사랑의 길이 내게는 무엇인지 알아내야 한다. 여기에는 많은 기도와 인내와 지도가 필요하다. 극적으로 모든 것을 내던지고 예수를 "따르는" 것이나 영적영웅 심리와는 아무 상관이 없다. 내려가는 길은 각자의 마음속에 숨어 있다. 다만 걸어 본 적이 별로 없는 길이라 잡초가 웃자라 있는 경우가 많다. 우리는 천천히 그러나 분명히 그 잡초를 뽑아내고 길을 열어 두려움 없이 발길을 내디뎌야 한다.

나의 경우 잡초를 뽑는 과정은 언제나 기도와 연관이 깊었다. 기도란 하나님께 자유 시간을 내는 것이다. 이런저런 중대사로 아주 바쁜 중에도 마찬가지다. 하나님께 자유 시간을 낼 때마다 당신의 내려가는 길이 조금씩 열린다. 사랑의 노정에 당신의 발을 두어야 할 곳이 보인다.

# ✝
## 우리의 기도

주님, 제 안에
그리스도 예수의 마음을 품게 하소서.
자신을 비워 종의 형체를 가지신
주님을 찬양합니다.
자기를 낮추시고
죽기까지 복종하시고
곧 십자가에서 죽기까지
나를 사랑하신 주님을 바라봅니다.
겸손의 본을 보이신 예수를 따라
낮아지는 길에 서는 하루 되게 하소서.
예수님의 이름으로 기도드립니다. 아멘.

섬김,
하나님을 만나는 자리

◊
너희 중에 누구든지 크고자 하는 자는 너희를 섬기는 자가
되고 너희 중에 누구든지 으뜸이 되고자 하는 자는 너희의
종이 되어야 하리라 인자가 온 것은 섬김을 받으려 함이 아
니라 도리어 섬기려 하고 자기 목숨을 많은 사람의 대속물
로 주려 함이니라(마 20:26-28).

하나님의 긍휼에는 위대한 신비가 담겨 있다. 우리와 함께 종이 되신 그 긍휼을 통해 하나님은 자신을 계시하신다. 그분이 종이 되신 것은 하나님 되심과 모순되지 않고, 자신을 비워 수모를 당하신 것은 그분의 참된 속성에서 조금도 벗어난 게 아니며, 우리처럼 되어 십자가에서 죽으심 또한 신으로 존재하기를 잠시 중단하신 게 아니다. 오히려 자신을 비우고 낮아지신 그리스도를 통해 우리는 하나님을 대면하여 그분의 실체를 보고 참된 신성을 알게 된다.

하나님이 섬기신다고 해서 자신을 변질시키거나 이질적인 속성을 취하거나 신성에 어긋나게 행동하시는 것은 아니다. 반대로 그분은 일부러 섬김을 통해 자신을 하나님으로 계시하신다. 그러므로 예수 그리스도께서 보여 주신 하향 이동은 하나님에게서 멀어지는 길이 아니라 오히려 그분의 실체에 다가가는 길이라 할 수 있다. 우리 하나님은 군림하러 오신 게 아니라 섬기러 오셨다. 이처럼 하나님은 섬김을 통하지 않고는 알려지기를 원하지 않으시며, 따라서 섬김이야말로 하나님이 자신을 계시하시는 방편임은 아주 명확한 사실이다.

철저한 섬김에 동의하려면 우리의 인식이 새로운 차원에 이르러 섬김을 하나님을 만나는 길로 보아야 한다. 박해를 겸손히 감수하려면 겸손과 박해 속에서 하나님을 찾아낼 수 있어야 한다. 섬김의 한가운데서 모든 위로와 위안의 근원이신 하나님을 보기 시작하면, 긍휼은 불운한 이들을 선대하는 것 이상이 된다. 철저한 섬김을 통해 긍휼의 하나님을 만나면, 그 섬김이 우리를 부와 가난, 성공과 실패, 행운과 불운 등의 구분 너머로 데려간다. 철저한 섬김은 최대한 많은 불행에 둘러싸이려는 활동이 아니라 우리 눈이 뜨여 참 하나님을 보는 즐거운 방식이 된다. 그분은 섬김의 길을 택해 자신을 알리신다. 가난한 자가 복이 있음은 가난이 좋아서가 아니라 천국이 그들의 것이기 때문이고, 애통하는 자가 복이 있음은 애통이 좋아서가 아니라 그들이 위로를 받을 것이기 때문이다.

여기서 마주치는 심오한 영적 진리가 있다. 섬김이란 단지 개인이나 사회를 변화시키려는 노력이 아니라 하나님을 찾는 행위라는 것이다.

기쁨과 감사는 섬김의 삶에 헌신해 예수 그리스도의 길을 가는 이들을 식별할 수 있는 심적 자질이다. 어디고 진정한 섬김이 있는 곳에는 기쁨이 있다. 섬기는 중에 하나님의 임재가 가시화되고 선물이 주어지기 때문이다. 그러므로 예수님을 따라 섬기는 이들은 자신이 주는 것보다 받는 게 더 많음을 알게 된다. 자녀를 돌보는 엄마에게는 자녀가 곧 기쁨이므로 따로 보상이 필요 없다. 마찬가지로 이웃을 섬기는 이들에게도 자기가 섬기는 대상이 곧 보상이다. 이처럼 주님을 따라 자신을 비우고 낮아지는 길을 가면 기쁨이 있는데, 이 기쁨은 그들이 구하는 게 불행과 고통이 아니라 하나님이라는 증거다. 그들도 자신의 삶 속에서 주님의 긍휼을 맛보았다. 그들의 시선은 빈곤과 불행이 아니라 사랑이신 그분의 얼굴에 맞추어져 있다.

## 우리의 기도

길이요 진리요 생명이신 주님,

주님으로 말미암지 않고는

아버지께로 갈 자가 없음을

깨닫게 하시니 감사합니다.

긍휼의 신비를 발견하는 하루 되게 하소서.

우리가 주님의 섬김을 따르는 인생되게 하소서.

섬김의 길에서 주님을 만나게 하소서.

그리하여 긍휼을 맛보고,

사랑의 주님과 마주하게 하소서.

예수님의 이름으로 기도드립니다. 아멘.

**Day 14**

# 소유와 성공에
# 가치를 두지 않기

◊
나 여호와는 심장을 살피며
폐부를 시험하고
각각 그의 행위와
그의 행실대로 보응하나니(렘 17:10).

모든 인간에게는 이 세상에서 뭔가를 성취하려는 강한 욕구가 있다. 사회 구조의 극적인 일대 변화를 꿈꾸는 사람도 있고, 최소한 집을 짓거나 책을 쓰거나 기계를 발명하거나 트로피를 받으려는 사람도 있고, 누군가를 위해 보람된 일을 하는 것만으로 만족을 느끼는 사람도 있다. 어쨌든 사실상 모든 인간은 어떤 식으로든 삶에 기여하기를 원한다. 노년의 행복감 또는 비애감은 다분히 자신이 세상과 역사의 발전에 어떤 역할을 했는가에 대한 평가에 달려 있다.

　　자신이 노력한 결과에 너무 감동하면 그때부터 우리는 서서히 착각에 빠진다. 삶이란 하나의 커다란 점수판이며 거기에 누군가 쭉 점수를 매겨 내 가치를 측정한다는 착각이다. 그리하여 자신도 모르게 어느새 우리는 많은 채점자들에게 영혼을 팔아넘겼다. 세상 안에 있을 뿐 아니라 아예 세상에 속한 자가 된 것이다. 이제 우리는 세상의 손안에서 놀아난다. 우리가 똑똑한 이유는 누군가 높은 점수를 주기 때문이고, 우리가 도움이 되는 이유는 누군가 고맙다고 말하기 때문이다. 우리가 호감형인 이유는 누군가 좋아해 주기 때문이고, 우리가 중요한 이유는 누군가 꼭 필요하다고 여겨 주기 때문이다. 한마디로 성공의 결과가 곧 우리의 가치로 둔갑하는 것이다.

❧

그리스도인으로 산다는 것은 세상 안에 살되 세상에 속하지 않는다는 뜻이다. 내면의 자유는 그 고독 속에서 자란다.

골방이 없는 삶, 즉 조용한 중심축이 없는 삶은 금방 파괴적으로 변한다. 정체성을 찾는 유일한 길로서 자신의 행동 결과에 매달릴 때 우리는 소유욕과 방어 태세로 기울어, 주변 사람을 삶의 선물을 나눌 친구가 아니라 거리를 두어야 할 적으로 보게 된다.

고독 속에서 우리는 서서히 소유욕의 환각에서 벗어나, 나라는 존재가 정복 대상이 아니라 위로부터 주어진 것임을 자아의 중심으로부터 깨달을 수 있다. 고독 속에서 우리는 하나님의 음성을 들을 수 있다. 그분은 우리가 말할 수 있기 전에 우리에게 말씀하셨고, 우리가 도움의 손길을 내밀 수 없을 때 이미 우리를 치유하셨고, 우리가 남을 자유롭게 할 수 있기 훨씬 전부터 우리를 자유롭게 하셨고, 우리가 남에게 사랑을 줄 수 있기 오래 전부터 우리를 사랑하셨다. 바로 그 고독 속에서 우리는 존재가 소유보다 중요하고, 인간이 행동 결과보다 가치 있으며, 삶이 지켜야 할 소유물이 아니라 나눠야 할 선물임을 깨우친다.

우리의 치유의 말이 단지 우리 것이 아니라 위로부터 주어진 것이고, 우리가 표현하는 사랑이 더 큰 사랑의 일부며, 우리가 낳는 새 생명이 집착할 재산이 아니라 받아들일 선물임도 고독 속에서 배운다. 고독 속에서 우리는 인간의 가치가 쓸모와 같지 않음을 깨닫는다.

✝

## 우리의 기도

우리를 가장 잘 아시는 주님,
우리의 앉고 일어섬을 아시고
모든 생각까지도 밝히 아시며
우리가 가는 길과 행위를 아시는
주님을 찬양합니다.
우리의 좌우를 면밀히 살피시고
주의 방법으로 시험하사 뜻을 밝히소서.
고독 가운데 주를 만나
진정한 가치를 발견하게 하소서.
예수님의 이름으로 기도드립니다. 아멘.

**Day 15**

# 만물을 새롭게 하는
# 복음

◊

그러므로 내가 너희에게 이르노니 하나님의 나라를 너
희는 빼앗기고 그 나라의 열매 맺는 백성이 받으리라(마
21:43).

산상수훈이 대다수의 사람에게는 특별하지 않을 수도 있지만, 그럼에도 그 속의 복음의 메시지에는 그 누구도 실현하지 못한 진리가 숨어 있다. 그것을 제대로 듣는다면 늘 기꺼이 이렇게 시인할 수밖에 없다. 즉 우리는 아직 자신이 고백하는 믿음대로 살고 있지 못하다. 예컨대 자신이 어쩌다 먼저 된 경우, 먼저 된 자가 나중 된다는 말을 듣고 좋아할 사람이 누가 있겠는가? 자신이 부유하고 즐겁고 배부르고 고급 포도주로 환심을 얻고 모든 친구에게 칭송받는데, 가난하고 애통하고 주리고 목마르고 박해받는 자가 복이 있다는 말을 듣고 싶겠는가? 상사가 존경할 만한 인물이 아니고 자신의 아들마저 아무짝에도 쓸모없는 사고뭉치인 상황에서 원수를 사랑하고 박해자를 위해 기도해야 한다는 말을 누가 들으려 하겠는가?

메시지는 평생 똑같을 수 있고 어휘와 문체만 다르게 거듭 반복될 수 있다. 그래도 정말 새겨듣는 이들은 한편으로 깨달음의 가능성을 열어 둔다. 그런 깨달음은 당연히 우리의 생활 방식에 영향을 미치지만, 우리는 그것을 선뜻 받아들이지 못한다. 본래 진리란 급진적이어서 사람의 삶을 뿌리째 흔들어 놓는다. 그래서 진리와 그것이 가져다주는 자유를 원하는 사람은 별로 없다. 단순하면서도 아주 직설적인 진리를 직시하려면 사실 굉장히 두렵다. 그래서 반감과 분노가 인간의 더 보편적인 반응인 것 같다. 자신도 예수님이 책망하시는 무리에 속한다고 겸손히 인정하기가 힘든 것이다.

❧

그리스도인이 그리스도인다우려면 자신이 살아가는 사회의 중대한 질문을 끊임없이 던지면서 개인의 회심만 아니라 세상의 회심도 필요함을 계속 강조해야 한다. 그리스도인이 그리스도인다우려면 편히 쉬는 데 안주해서는 안 되며 남을 그렇게 두어서도 안 된다. 우리는 현 상태에 만족하지 않으며, 새로운 세상을 이룩하는 데 우리의 역할이 꼭 필요하다고 믿는다. 그 세상이 어떻게 실현될지 설령 모를지라도 말이다. 그리스도인이 그리스도인다우려면 만나는 모든 사람에게 자꾸 말해야 한다. 천국 복음이 모든 민족에게 증언되고 온 세상에 전파되어야 한다고 말이다(마 24:14).

그리스도인으로 존재하는 한 우리는 사람 사이에 분열이 없는 새로운 질서, 만인이 만인과 평화를 이루는 새로운 구조, 연합과 평화가 지속되는 새로운 삶을 늘 추구한다. 이웃이 전진을 멈추거나 용기를 잃거나 일상의 소소한 낙으로 도피해 거기에 매달리는 것을 우리는 그냥 두지 않는다. 자신에게든 남에게든 만족과 안일에 반기를 든다. 새로운 세상이 다가오고 있음을 의심의 여지없이 알기 때문이다. 그 세상의 첫 빛줄기를 우리는 이미 보았다. 우리가 믿기로 이 세상은 지나갈 뿐 아니라 새로운 세상이 태어나기 위해 반드시 지나가야 한다. 더는 할 일이 없다며 가만히 있어도 되는 순간은 우리 삶에 결코 없다. 그렇다고 바라던 결과가 나오지 않는다고 해서 절망하지도 않는다. 이렇게 두루 애쓰는 동안에도 보좌에 앉으신 이의 말씀이 계속 들려오기 때문이다. "내가 만물을 새롭게 하노라"(계 21:5).

✝
## 우리의 기도

주님, 주의 비밀을 알게 하시니 감사합니다.

그리스도는 온 세계의 소망입니다.

그리스도를 전파하고

모든 지혜로 각 사람을 권하고

가르치게 하소서.

각 사람을 그리스도 안에서 완전한 자로 세우는

사명을 감당케 하소서.

그리하여 모든 만물이 새롭게 되는

영광을 보게 하소서.

예수님의 이름으로 기도드립니다. 아멘.

# Day 16

## 하나님께
## 돌아가기

◊

내가 일어나 아버지께 가서 이르기를 아버지 내가 하늘과
아버지께 죄를 지었사오니 지금부터는 아버지의 아들이라
일컬음을 감당하지 못하겠나이다 나를 품꾼의 하나로 보
소서 하리라 하고 이에 일어나서 아버지께로 돌아가니라
아직도 거리가 먼데 아버지가 그를 보고 측은히 여겨 달려
가 목을 안고 입을 맞추니(눅 15:18-20).

탕자의 비유는 귀환에 대한 이야기다. 나는 거듭 돌아가는 것의 중요성을 깨닫는다. 내 삶은 하나님을 벗어나려고만 한다. 그래서 돌아가야 한다. 귀환은 평생의 작업이다.

마음에 와닿는 부분이 있다. 집 나간 아들이 돌아온 동기는 다분히 이기적인 것이었다. 그의 생각은 이랬다. "내 아버지에게는 양식이 풍족한 품꾼이 얼마나 많은가. 나는 여기서 굶주려 죽는구나. 내가 일어나 아버지께 가서⋯." 아버지를 향한 사랑이 회복되어 집에 돌아간 것이 아니다. 단순히 먹고살기 위해 돌아갔다. 자신이 택했던 길이 죽음에 이르는 길임을 그는 깨달았다. 목숨을 부지하려면 아버지한테 돌아가는 수밖에 없었다. 탕자는 자신의 죄를 깨달았으나 그 깨달음도 죄의 결과로 죽음을 목전에 두고야 찾아온 것이었다.

아버지가 그 이상의 고상한 동기를 요구하지 않았다는 사실이 감동을 준다. 아버지는 집에 온 아들을 단순히 맞아들였다. 그만큼 이 아버지의 사랑은 온전하고 조건이 없었다.

그 생각이 내게 큰 위로가 된다. 하나님은 우리를 끌어안기 전에 순결한 마음을 요구하지 않으신다. 욕심대로 살다가 행복을 얻지 못해 그 이유만으로 돌아온다 해도 그분은 우리를 받아

주신다. 기독교 신자가 되는 게 종교 없이 사는 것보다 마음이 편안하기 때문에 돌아온다 해도 그분은 우리를 받아 주신다. 죄의 결과가 생각보다 만족스럽지 못해 돌아온다 해도 그분은 우리를 받아 주신다. 혼자 힘으로 살 수 없어 돌아온다 해도 그분은 우리를 받아 주신다. 하나님의 사랑은 귀환의 이유에 대해 아무런 설명도 요구하지 않는다. 그분은 우리가 집에 온 것만으로 기뻐하신다. 집에 왔다는 이유만으로 기꺼이 우리의 모든 소원을 들어 주신다.

머릿속에 렘브란트의 그림 "탕자의 귀환"이 펼쳐진다. 늙어서 눈이 침침한 아버지는 돌아온 아들을 조건 없는 사랑으로 바짝 끌어안는다. 오직 이 생각뿐인 것 같다. "내 아들이 집에 돌아왔다. 아들이 다시 내 곁에 있어 참 기쁘다."

절망의 목소리는 말한다. "나는 자꾸 죄를 짓고 또 짓는다. 다음번에는 더 잘하기로 끝없이 다짐하고 남들에게도 약속하지만, 어느새 다시 이전의 어두운 자리에 와 있다. 달라지려는 노력일랑 집어치우자. 몇 년째 해 봤지만 소용없었으니 앞으로도 소용없을 것이다. 차라리 사람들에게서 비켜나 잊혀지는 게 낫다. 죽어 없어지는 게 낫다."

묘하게 매혹적인 이 목소리는 불확실한 요소라면 모조리 걷어 내고 씨름에 종지부를 찍는다. 노골적으로 어둠을 대변하며 부정적 정체성 쪽으로 쐐기를 박는다.

그러나 예수님은 오셔서 다른 목소리에 내 귀를 열어 주셨다. 그 목소리는 이렇게 말씀하신다. "나는 네 하나님이다. 내 손으로 너를 빚었다. 내 작품이니 너를 사랑한다. 무한한 사랑으로 사랑한다. 나를 피해 달아나지 말고 내게 돌아오라. 한두 번만 아니라 늘 다시 돌아오라. 너는 내 자녀다. 너를 다시 반겨 내 품에 안고 입을 맞추고 손으로 머리칼을 쓸어 줄 나를 어찌 한시라도 의심할 수 있단 말이냐? 나는 네 하나님이니 곧 자비와 긍휼의 하나님이고, 용서와 사랑의 하나님이며, 자상히 돌보는 하나님이다. 내가 너를 더는 견딜 수 없어 포기했다는, 그래서 네가 돌아갈 길이 없다는 말은 부디 하지 말라. 그것은 사실이 아니다. 나는 네가 나와 함께 있기를 간절히 바란다. 네가 내 곁에 있기를 간절히 바란다. 나는 네 모든 생각을 알고, 네 모든 말을 듣고, 네 모든 행동을 본다. 내가 너를 사랑함은 네가 내 형상대로 지음 받은 아름다운 존재요 내 가장 깊은 사랑의 결정체기 때문이다. 그러니 자신을 비판하거나 정죄하거나 거부하지 말라. 내 사랑이 네 마음의 가장 깊고 은밀한 구석구석까지 만져 네 아름다움을 드러내게 하라. 네가 놓쳐 버린 그 아름다움이 내 자비의 빛을 받으면 다시 네 눈에도 보일 것이다. 그러니 내게 오라. 내게 오면 내가 네 눈물을 닦아 주리라. 네 귀에 입을 바짝 대고 '내가 너를 사랑한다. 내가 너를 사랑한다. 내가 너를 사랑한다'라고 말해 주리라."

예수님은 우리가 바로 그 목소리를 듣기를 원하신다. 이 목소리는 우리를 불러 늘 하나님께로 돌아오라 하신다. 사랑으로 우리를 창조하셨고 자비로 재창조하려 하시는 그분께로 말이다.

✝

## 우리의 기도

오 주님, 나의 주님,
나를 사랑한다는 주님의 음성을 듣고
주님의 자비를 받아들이게 하소서.
탕자와 같이 아버지를 떠났던 자가
아버지의 집으로 돌아가오니 받아 주소서.
주 품에서 참된 안식을 얻게 하소서.
예수님의 이름으로 기도드립니다. 아멘.

사순절 시작:
    재의 수요일

내려가는 길

사순절 첫째 주
아버지의 뜻을 따라

사순절 둘째 주

섬기시는 하나님

사순절 셋째 주

# 주의 세미한
# 음성을 들으며

사순절 넷째 주

고통을 통과한 영광

사순절 다섯째 주

하나님의 눈먼 사랑

사순절 여섯째 주: 고난주간

십자가의 길

부활주일

죽음에서 생명으로

# 생명의 원천이
# 주께 있사오니

◊

이 물을 마시는 자마다 다시 목마르려니와 내가 주는 물을
마시는 자는 영원히 목마르지 아니하리니 내가 주는 물은
그 속에서 영생하도록 솟아나는 샘물이 되리라(요 4:13-14).

사순절이 한창이다 보니 부활절도 다시 머지않았다는 생각이 듭니다. 날이 길어지면서 햇볕에 새로운 온기가 실리니 눈이 점점 녹고 새가 노래합니다. 어제는 밤 기도 중에 고양이가 울더군요! 정말 봄이 왔습니다.

주님, 오늘밤에는 주께서 사마리아 여인에게 하시는 말씀을 듣습니다. "내가 주는 물을 마시는 자는 영원히 목마르지 아니하리니 내가 주는 물은 그 속에서 영생하도록 솟아나는 샘물이 되리라"라고 하셨지요. 얼마나 놀라운 말씀인지요! 몇 시간, 몇 날, 몇 주에 걸쳐 묵상할 만합니다. 이 말씀을 품고 다니며 부활절을 준비하려 합니다. 주님이 주시는 물은 샘물이 됩니다.

오 주님, 그러니 주님의 선물을 받은 제가 인색해질 필요가 없지요. 샘물이 제 속에서 아낌없이 솟아나게 하고 원하는 사람은 누구나 마시게 하면 됩니다. 사람들이 목을 축이러 올 때에야 비로소 저도 제 속의 샘물을 보게 될지도 모릅니다.

성찬식이야말로 하나님의 사랑이 가장 구체적으로 임재하는 곳이다. 예수님은 인간이 되셨을 뿐 아니라 빵과 포도주가 되셨다. 우리의 먹고 마심을 통해 하나님의 사랑이 곧 우리 것이 되도록 하기 위해서였다. 성찬식의 위대한 신비는 하나님의 사랑이 우리에게 추상적 개념이 아니라 지극히 구체적으로, 이론이 아니라 매일의 삶을 위한 양식으로 주어졌다는 것이다. 하나님의 사랑을 우리 것으로 삼을 수 있는 길이 성찬식을 통해 열린다. 예수님이 친히 그 점을 이렇게 밝혀 주신다.

내 살은 참된 양식이요
내 피는 참된 음료로다.
내 살을 먹고 내 피를 마시는 자는
내 안에 거하고 나도 그의 안에 거하나니
살아 계신 아버지께서 나를 보내시매
내가 아버지로 말미암아 사는 것같이
나를 먹는 그 사람도 나로 말미암아 살리라.

성찬식에서 예수님의 살과 피를 받을 때마다 그분의 사랑이 당신에게 주어진다. 십자가에서 보이신 바로 그 사랑이다. 그것은 시대와 장소, 종교와 신조, 인종과 계급, 종족과 국가, 죄인과 성인 할 것 없이 모든 인간에게 주시는 하나님의 사랑이다.

십자가에서 예수님은 하나님의 사랑이 얼마나 큰지 보여 주셨다. 그 사랑은 그분을 못 박는 이들마저 품는다. 벌거벗은 상한 몸으로 십자가에 못 박혀 매달리신 중에도 예수님은 자신의 사형 집행인들을 위해 기도하신다. "아버지, 저들을 사하여 주옵소서. 자기들이 하는 일을 알지 못함이니이다." 자신을 죽이는 이들을 위해서까지 기도하셨으니 원수를 향한 예수님의 사랑은 그야말로 무한하다. 성찬식에서 우리에게 주시는 하나님의 사랑이 바로 원수까지 사랑하시는 그 사랑이다. 원수를 용서하는 것은 우리 힘으로 할 수 없는 일이다. 그것은 오롯이 하나님의 선물이다. 성찬식을 당신 삶의 중심으로 삼는 것이 그래서 중요하다. 바로 거기서 당신은 사랑받으며, 예수께서 앞서 가신 길을 뒤따를 수 있는 힘을 얻게 된다. 그 길은 좁은 길이요 고난의 길이다. 그러나 당신에게 참된 기쁨과 평안을 주는 길이고, 하나님의 비폭력적 사랑을 이 세상에 나타내 보일 수 있는 길이다.

✝
## 우리의 기도


주님, 사슴이 시냇물을 찾기에 갈급함같이
내 영혼이 주를 찾기에 갈급합니다.
진실로 생명의 원천이 주께 있사오니
주 안에서 빛을 보게 하소서.
예수님의 이름으로 기도드립니다. 아멘.

**Day 17**

# 은밀한 중에 계시는
# 하나님

◊

내가 진실로 너희에게 이르노니 선지자가 고향에서는 환
영을 받는 자가 없느니라 … 회당에 있는 자들이 이것을 듣
고 다 크게 화가 나서 일어나 동네 밖으로 쫓아내어 그 동
네가 건설된 산 낭떠러지까지 끌고 가서 밀쳐 떨어뜨리고
자 하되 예수께서 그들 가운데로 지나서 가시니라(눅 4:24,
28-30).

그분은 압제받는 작은 민족 가운데 인간의 모습으로 오셨다. 당시의 나라 상황은 극도로 나빴다. 그분은 그 나라의 통치자들에게 멸시받고 붙잡혀 결국 두 범죄자 사이에서 수치스러운 죽음을 당하셨다.

예수님의 삶에는 눈길을 끌 만한 대단한 것이 없다. 대단해 보이는 것과는 전혀 거리가 멀다! 기적으로 병을 고치고 죽은 사람을 살리셨지만, 알고 보면 그것도 인기와 유명세를 위한 게 전혀 아니었다. 그분은 오히려 자주 사람들의 입을 막으셨다. 그분의 부활도 숨겨진 사건이었다. 십자가 죽음 이전부터 그분을 잘 알던 소수의 남녀와 제자들만이 부활하신 주님을 뵐 수 있었다.

기독교가 세계의 유수한 종교가 되어 무수히 많은 사람이 매일 그분의 이름을 부르게 되다 보니, 우리는 예수님이 은밀하게 숨어 하나님을 계시하셨다는 사실을 좀처럼 믿지 못한다. 예수님의 삶도 죽음도 부활도 사실은 하나님의 신기한 능력으로 우리를 경악에 빠뜨리기 위한 게 아니었다. 하나님은 스스로 가장 낮은 곳으로 숨어들어 거의 보이지 않는 하나님이 되셨다.

선전을 떠받드는 시대에 그것은 좀처럼 이해하기 어려운 신비다. 우리는 지식과 말이 많을수록 더 중요한 사람이라고 생각하는 경향이 있다. 그럴 만도 하다. 흔히 커다란 명성은 큰돈을 뜻하고, 큰돈은 대개 엄청난 권력으로 통하며, 권력은 종종 중요한 존재라는 환상으로 이어지니 말이다. 우리 사회에서 중요한 것을 결정짓는 요인은 베스트셀러 음반이나 책, 최고 부자, 가장 높은 빌딩, 가장 비싼 차 등 통계 수치일 때가 많다.

∾

세상이 너무나 선전을 추구하다 보니, 하나님조차도 자신의 정당성을 입증해야 한다는 논리가 그분에 대한 많은 담론의 출발점이 되었다는 생각이 종종 든다. 사람들은 흔히 말한다. "당신이 말하는 하나님이 진짜 존재한다면 이 혼란한 세상에 왜 자신의 전능함을 더 확실히 나타내지 않는단 말이오?" 이를테면 하나님께 책임을 추궁하면서, 존재를 입증해 보라고 조롱한다. 또 이런 말도 심심찮게 들을 수 있다. "나한테는 하나님이 조금도 필요 없어. 내 일은 얼마든지 내가 알아서 할 수 있다. 사실 내 문제로 신의 도움을 받을 일은 전혀 없어!" 이런 말에 담겨 있는 적의와 빈정댐은 하나님께 대한 요구 사항을 잘 보여 준다. 신이라도 자신을 홍보하는 데 최소한의 관심을 보여야 한다는 것이다. 사람들은 흔히 하나님도 인간처럼 인정받아야 할 절박한 욕구가 있는 것처럼 말한다.

우리에게 하나님을 계시하러 오신 예수님을 보면 어떤 식으로든 자신을 선전하는 것을 피하셨음을 알 수 있다. 그분은 하나님이 은밀한 중에 드러나시는 분임을 항상 지적해 주신다. 굉장한 역설처럼 들리겠지만 그 역설을 받아들이고 그 속으로 들어갈 때 당신은 영적 삶의 여정에 오르게 된다.

✝

## 우리의 기도

주님, 이 세상에서 주님을 증언하는
모든 사람을 위해 기도합니다.
주님께 삶을 바쳐
이 어두운 시대에
복음의 빛을 힘써 전하는
모든 그리스도인에게
용기와 힘과 인내와 소망을 주소서.
마음과 생각 가득히
주님의 임재를 알게 하시고,
주님의 이름을 피난처 삼아

모든 위험에서 벗어나게 하소서.

무엇보다 그들에게 성령의 기쁨을 주셔서

어디를 가서 누구를 만나든

우울과 체념과 비관의

휘장을 걷어 내게 하시고,

늘 죽음을 두려워하며 사는 많은 이에게

새로운 삶을 알리게 하소서.

주님, 기쁜 소식을 전하는 모든 이와 함께하소서.

예수님의 이름으로 기도드립니다. 아멘.

## Day 18

# 우리와 함께하시는
# 하나님

◊

이에 주인이 그를 불러다가 말하되 악한 종아 네가 빌기에
내가 네 빚을 전부 탕감하여 주었거늘 내가 너를 불쌍히 여
김과 같이 너도 네 동료를 불쌍히 여김이 마땅하지 아니하
냐 하고 주인이 노하여 그 빚을 다 갚도록 그를 옥졸들에게
넘기니라 너희가 각각 마음으로부터 형제를 용서하지 아
니하면 나의 하늘 아버지께서도 너희에게 이와 같이 하시
리라(마 18:32-35).

하나님의 긍휼은 추상적이거나 막연하지 않다. 그것은 우리에게 다가오는 구체적이고 확실한 몸짓이다. 예수 그리스도에게서 하나님의 충만한 긍휼을 볼 수 있다. 망가질 대로 망가진 우리가 갈구해야 할 것은 우리를 만져 주실 손, 안아 주실 품, 맞추어 주실 입, 지금 여기서 들려주실 말씀, 우리의 두려움과 떨림을 외면하지 않으실 마음이다. 우리 각자가 느끼는 고통은 다른 누구도 이전에 느꼈거나 지금 느끼거나 앞으로 느끼지 못할 고통이다. 그 속에서 누군가 성큼 다가와 주기를 늘 기다리는 우리에게, 한 인간의 모습을 한 구주가 오셔서 참으로 "내가 너와 함께하노라"고 말씀하셨으니 그분이 곧 예수 그리스도시다. 우리와 함께하시는 하나님이다. 굳이 우리처럼 인간이 되실 필요가 없는 그분이 사랑으로 자원해서 우리에게 오셨다.

　　순종하시는 종 예수 그리스도는 자신의 신성을 고수하지 않고 자신을 비워 우리처럼 되셨다. 바로 그분을 통해 하나님의 충만한 긍휼이 계시되었다. 그분은 임마누엘 즉 우리와 함께하시는 하나님이다. 그동안 우리에게 들려온 위대한 소명 또한 긍휼히 여기며 살라는 것이다.

그리스도인으로서 이 땅에 사는 한 긍휼이 우리 삶의 특징이어야 한다. 다만 긍휼의 삶이 우리의 최종 목표는 아님을 인식해야 한다. 사실 최대한 긍휼히 여기며 살 수 있으려면 그 너머가 있음을 알아야만 한다. 자신을 비우고 낮추신 그분은 알다시피 높이 들려 모든 이름 위에 뛰어난 이름을 받으셨다. 또 알다시피 그분은 우리의 거처를 예비하러 떠나셨는데, 거기는 고난이 종식되고 긍휼이 더는 필요 없는 곳이다. 우리는 새 하늘과 새 땅을 사모하며 소망 중에 인내해야 한다. 이것이 요한계시록에 제시된 비전이다.

> 또 내가 새 하늘과 새 땅을 보니 처음 하늘과 처음 땅이 없어졌고
> 바다도 다시 있지 않더라 또 내가 보매 거룩한 성 새 예루살렘이
> 하나님께로부터 하늘에서 내려오니 그 준비한 것이 신부가
> 남편을 위하여 단장한 것 같더라 내가 들으니 보좌에서 큰
> 음성이 나서 이르되 보라 하나님의 장막이 사람들과 함께 있으매
> 하나님이 그들과 함께 계시리니 그들은 하나님의 백성이 되고
> 하나님은 친히 그들과 함께 계셔서 모든 눈물을 그 눈에서 닦아
> 주시니 다시는 사망이 없고 애통하는 것이나 곡하는 것이나 아픈

것이 다시 있지 아니하리니 처음 것들이 다 지나갔음이러라(계 21:1-4).

❧

이 비전이 우리를 인도한다. 이 비전 덕분에 우리는 서로의 짐을 나누고, 십자가를 함께 지고, 연합하여 더 나은 세상을 이루어 갈 수 있다. 죽음과 고난에서 절망과 낙심을 제하고 새로운 지평을 열어 주는 것도 이 비전이다.

또 이 비전은 우리에게 복잡한 삶의 한복판에서 그것을 조금이나마 실현할 에너지를 준다. 물론 이 비전은 미래의 세상이지만 그렇다고 유토피아는 아니다. 그 미래는 이미 시작되었고, 우리가 나그네를 영접하고 헐벗은 이에게 옷을 입히고 환자와 재소자를 면회하고 압제를 이겨 낼 때마다 실현된다. 감사에서 우러난 이런 행위를 통해 새 하늘과 새 땅의 예고편을 볼 수 있다.

✝

## 우리의 기도

사랑하는 주님, 눈을 들어 주를 바라봅니다.

하나님의 사랑이 주님으로 성육신하고,

하나님의 무한한 긍휼이

주님으로 표현되고,

아버지의 거룩하심이

주님으로 가시화되었습니다.

주님은 아름답고 선하고 온유하시며

용서와 자비가 풍성한 분입니다.

그 주님께 저를 송두리째 드리게 하소서.

인색하거나 망설이지 않고 후하게 하소서.

예수님의 이름으로 기도드립니다. 아멘

**Day 19**

생명을 살리는
기억

◊

오직 너는 스스로 삼가며 네 마음을 힘써 지키라 그리하여
네가 눈으로 본 그 일을 잊어버리지 말라 네가 생존하는 날
동안에 그 일들이 네 마음에서 떠나지 않도록 조심하라 너
는 그 일들을 네 아들들과 네 손자들에게 알게 하라(신 4:9).

기억을 통해 우리는 예수님과의 관계 속에 들어가 양분을 얻고 생명을 유지한다. 그분은 고별 설교에서 제자들에게 이렇게 말씀하셨다. "내가 떠나가는 것이 너희에게 유익이라 내가 떠나가지 아니하면 보혜사가 너희에게로 오시지 아니할 것이요 … 그러나 진리의 성령이 오시면 그가 너희를 모든 진리 가운데로 인도하시리니"(요 16:7,13). 말씀을 통해 예수께서 가장 가까운 친구들에게 밝히셨듯이 그분과 친밀해지는 일은 기억을 통해서만 가능하다. 그들도 여태 자신들이 목격한 모든 것의 온전한 의미를 나중에 기억을 통해서만 경험할 수 있었다.

그들은 예수님의 말씀을 받았고 다볼 산에서 그분을 보았으며 그분의 죽음과 부활에 대한 예고도 들었지만, 눈과 귀가 닫혀 있어 깨닫지 못했다. 그분의 영이신 성령이 오시기 전이라서 그들은 그분을 보고 듣고 냄새 맡고 만지고도 아직은 거리감이 있었다. 나중에 그분이 떠나신 후에야 성령께서 그들에게 그분의 참모습을 계시하실 수 있었다. 그분의 부재 속에서 새롭고 더 친밀하신 임재가 가능해진 것이다. 그 임재가 환난 속에서 그들에게 피가 되고 살이 되어 그분을 다시 볼 날을 사모하게 했다. 하나님의 계시의 위대한 신비는 그분이 그리스도의 오심을 통해서만이 아니라 또한 떠나심을 통해 우리와 친밀해지셨다는 것이다. 그분과 아주 친밀해지면 우리 안에 예수가 사신다는 고백이 가능해지고, 또 그분을 우리의 양식과 음료라 칭하면서 우리 존재의 중심이 되신 그분을 경험할 수 있다. 이렇게나 깊은 친밀함이 정말 그리스도의 부재 속에서 이루어진다.

이것은 이론적 관념과는 거리가 멀다. 디트리히 본회퍼와 알프레드 델프 같은 이들의 삶이 분명한 증거다. 그들은 나치 수용소에서 죽음을 기다리던 동안 그리스도의 부재 속에서 그분의 임재를 경험했다. 본회퍼는 "우리와 함께하시는 하나님은 곧 우리를 버리시는 하나님이기도 하다(막 15:34 참조). 하나님 앞에서 하나님과 함께 우리는 하나님 없이 산다"라고 썼다. 이렇듯 예수 그리스도에 대한 기억은 과거의 구원 사건들을 생각나게 하는 것 그 이상이다. 그것은 생명을 살리는 기억이다. 그 기억이 지금 여기서 우리에게 양분을 주어 생명을 유지시킨다. 그리하여 일상생활의 온갖 위기 속에서도 우리의 뿌리가 든든히 박혀 있음을 실감하게 한다.

❧

예수님은 말과 행동이 다르지 않으셨다. 자신이 말씀하신 대로 행하셨다. 예수님의 말씀은 곧 그분의 행동이고 사건이었다. 그분은 변화와 치유와 새 생명을 말씀하셨을 뿐 아니라 그 말씀대로 이루셨다. 그런 의미에서 예수님은 참으로 육신이 되신 말씀이다. 그 말씀으로 만물이 창조되었듯이 그 말씀으로 만물이 재창조된다.

거룩한 삶이란 말과 행동이 다르지 않은 삶이다. 내가 정말 말하는 대로 산다면 내 말은 그대로 행동이 될 것이고, 그리하여 내가 입을 열 때마다 기적이 일어날 것이다.

✝

## 우리의 기도

주님, 우리가 주께 감사함은
주가 우리와 함께 있기 때문입니다.
사람들이 주의 경이로운 일들을 전파합니다.
우리는 야곱의 하나님을 영원히 선포하며 찬양합니다.
성경을 통해 과거의 구원 사건들을 보게 하시니
감사합니다. 그 생명을 살리는 사건을 통해
믿음이 견고해지게 하신 하나님을 찬양합니다.
예수님의 이름으로 기도드립니다. 아멘.

**Day 20**

주의 세미한 음성을
듣게 하소서

◇

나와 함께하지 아니하는 자는 나를 반대하는 자요 나와 함께 모으지 아니하는 자는 헤치는 자니라(눅 11:23).

영적 삶은 선물이다. 우리를 하나님의 사랑의 나라로 들어 올리시는 성령님의 선물이다. 그러나 사랑의 나라로 끌어올림을 받는 것이 선물이라고 해서, 그것이 주어질 때까지 아무것도 하지 않고 가만히 기다려야 한다는 뜻은 아니다. 예수님은 우리에게 하나님 나라를 구하라고 말씀하신다. 뭔가를 구한다는 것은 간절한 열망뿐 아니라 단호한 결의를 수반한다. 이렇듯 영적 삶은 인간의 노력을 요구한다. 우리를 염려투성이의 삶으로 되잡아 당기는 세력을 이겨 내기란 결코 쉽지 않다.

예수님은 "하나님의 나라에 들어가기가 심히 어렵도다"(막 10:23)라고 못박아 말씀하신다. 또 우리가 열심히 노력해야 함을 확실히 보여 주시고자 이런 말씀도 주신다. "누구든지 나를 따라오려거든 자기를 부인하고 자기 십자가를 지고 나를 따를 것이니라"(마 16:24).

여기서 우리는 영적 삶에 수반되는 훈련의 문제에 부딪친다. 훈련 없는 영적 삶이란 불가능하다. 훈련은 제자도의 이면이다. 영적 훈련을 실천하면 하나님의 세미하고 부드러운 음성에 더욱 민감해진다. 선지자 엘리야가 하나님을 만난 것은 강한 바람이나 지진이나 불 속에서가 아니라 세미한 음성을 통해서였다

(왕상 19:9-13 참조). 영적 훈련의 실천을 통해 우리는 그 세미한 음성을 귀기울여 듣고, 말씀이 들려올 때 기꺼이 반응하게 된다.

앞서 말한 모든 내용으로 보아 염려로 차고 넘치는 삶에 대해 분명한 한 가지 사실이 있다. 우리가 흔히 안팎으로 너무 많은 소음에 둘러싸여 있어 정작 하나님이 말씀하실 때 그 음성을 제대로 듣기 어렵다는 것이다. 우리는 귀가 닫혀 있어 하나님이 언제 우리를 부르시는지도 모르고 어느 방향으로 부르시는지도 깨닫지 못할 때가 많다. 그래서 우리 삶은 어리석은 삶이 되고 만다.

"어리석다"(absurd)라는 말에는 '귀가 들리지 않는다'라는 뜻의 라틴어 단어 수르두스(surdus)가 들어 있다. 영적 삶에 훈련이 필요한 이유는 우리가 하나님의 음성을 듣는 법을 배워야 하기 때문이다. 그분은 끊임없이 말씀하시나 우리는 좀처럼 듣지 못한다. 그러나 듣는 법을 배우면 우리 삶은 순종하는 삶이 된다. "순종한다"(obedient)라는 말은 '듣는다'라는 뜻의 라틴어 단어 아우디레(audire)에서 유래했다. 어리석은 삶에서 순종하는 삶으로, 번잡한 염려로 가득한 삶에서 하나님의 음성을 듣고 그 인도에 따를 만한 자유로운 내적 공간이 있는 삶으로 서서히 옮겨가려면 영적 훈련이 반드시 필요하다.

예수님의 삶은 순종의 삶이었다. 그분은 늘 아버지의 말씀을 들으셨고, 늘 그 음성에 귀 기울이셨고, 늘 그 인도에 깨어 있으셨다. 예수님은 "듣는 귀"를 가지고 계셨다. 하나님 앞에서 듣는 귀가 되는 것, 그것이야말로 기도의 참 모습이다. 모든 기도의 핵심은 사실상 듣는 것이며, 하나님의 임재 안에 순종의 자세로 서 있는 것이다.

그러므로 영적 훈련은 우리 삶 속에 순종이 실행될 수 있는 내적, 외적 공간을 내려는 집중된 노력이다. 들을 여지조차 남지 않을 만큼 우리 삶을 점령하려는 세상을 우리는 영적 훈련을 통해 막아야 한다. 영적 훈련은 우리를 해방하여 기도하게 한다. 더 정확히 말해서 성령님이 우리 안에서 역사하셔서 우리로 하여금 기도하게 하신다.

✝
## 우리의 기도

전능하신 하나님, 은혜로 부르시는 주님께
귀 기울이게 하소서.
우리 구원의 절기가
시시각각 다가오는 이때에
더욱 주의 세미한 음성에 집중해
부활절의 신비를 경축하게 하소서.
예수님의 이름으로 기도드립니다. 아멘.

**Day 21**

# 마음의
# 기도실

◊

네 마음을 다하고 목숨을 다하고 뜻을 다하고 힘을 다하여
주 너의 하나님을 사랑하라(막 12:30).

영적 삶이란 하나님의 임재 안에서 살아간다는 뜻이다. 이 당연한 진리를 내게 확실히 깨우쳐 준 사람은 17세기 프랑스 가르멜수도회에서 생활한 로렌스 수사다. 그의 책《하나님의 임재 연습》에는 그와 나눈 대화 네 편과 그의 편지 열다섯 편이 수록되어 있다.

그는 이렇게 썼다. "하나님과 함께하려면 늘 교회에 있어야만 하는 것은 아니다. 우리 마음을 기도실로 만들어 수시로 거기에 머물며 사랑으로 겸손하고 온유하게 그분과 대화할 수 있다. 정도의 차이만 있을 뿐 누구나 하나님과 그렇게 다정하게 대화할 수 있다. 우리가 얼마큼 할 수 있는지를 그분이 아신다. 그러니 지금부터 시작하자. 우리의 대범한 결단을 그분이 바라실지도 모른다."

"내가 알기로 하나님의 임재를 제대로 연습하려면 우리 마음에서 다른 것을 다 비워야 한다. 그래야 그분이 우리 마음을 독점하실 수 있다. 완전히 비워지지 않은 마음은 그분만의 소유가 될 수 없다. 나아가 우리가 마음을 비워 드리지 않으면 그분이 거기서 뜻대로 행하실 수도 없다."

로렌스 수사의 메시지는 단순하면서도 아주 심오하다. 하나님과 친밀해진 그에게는 모든 것이 하나다. 하나님만이 중요하며, 그분이 모든 사람과 모든 것을 사랑으로 품으신다. 하나님의 임재 안에서 살아가려면 청결하고 순수한 마음으로 그분의 뜻을 온전히 받아들여야 한다. 그러려면 선택과 결단과 큰 용기가 요구된다. 이것이야말로 참된 거룩함의 징표다.

✝

## 우리의 기도

사랑하는 주님, 언젠가 말씀하셨지요.
"나를 보내신 이의 뜻은
내게 주신 자 중에
내가 하나도 잃어버리지 아니하고."
오늘, 이 말씀이 위로가 됩니다.
주님이 혼신을 다해 저를
사랑으로 지키심을 압니다.
이 말씀을 보면 과연 주님이
세상에 오셔서 저를 구원하시고
악과 죄의 굴레에서 해방해
아버지 집으로 인도하심을 알 수 있습니다.

저를 주님에게서 떼어 내려는

악한 세력에 맞서

기꺼이 싸우시는 주님을 볼 수 있습니다.

저를 지키시고 붙드시고

대신 싸워 보호하시고

도우시고 떠받치시고 위로하시며

아버지께 저를 바치시는 주님,

정말 저를 잃지 않으시는 게

주님의 신성한 사명이심을 깨닫습니다.

그럼에도 주님은 제게 자유를 주셨습니다.

저를 끝까지 포기하지 않으실 분이 주신 자유입니다.

오, 얼마나 놀라운 사랑이며,

하나님의 은혜는 얼마나 신비로운지요!

주님, 부디 제 자유로 주님의 사랑을 택하게 하소서.

저 역시 주님을 끝까지 선택하게 하소서.

오늘도 제 마음의 기도실에서 주를 뵙기 원합니다.

예수님의 이름으로 기도드립니다. 아멘.

**Day 22**

# 회심, 아버지 집으로 가는
# 여정의 시작

◊

오라 우리가 여호와께로 돌아가자 여호와께서 우리를 찢
으셨으나 도로 낫게 하실 것이요 우리를 치셨으나 싸매어
주실 것임이라(호 6:1).

영적 삶에는 마음의 변화인 회심이 요구된다. 회심은 내면의 갑작스러운 변화로 이루어질 수도 있고, 장기간의 고요한 변화 과정을 통해 나타날 수도 있다. 다만 늘 내적 연합의 경험이 수반된다. 바로 우리 마음 중심, 거기서 모든 존재와 모든 사건을 우리와 함께하시는 하나님의 신비로운 삶의 일부로 보고 이해하게 되는 것이다. 지금까지 유지하기 힘든 피곤하고 잡다한 일로 보이던 우리의 갈등과 고통, 과제와 약속, 가족과 친구, 활동과 사업, 희망과 동경이 이제 우리 안에 성령의 새 생명이 주어져 있다는 확증과 계시로 다가온다. 우리를 그토록 소유하고 장악했던 '이 모든 것'이 어느새 선물 혹은 도전으로 변해, 우리에게 주어진 새 생명을 더 굳게 다져 주고 깊어지게 한다.

그렇다고 영적 삶 덕분에 매사가 쉬워진다거나 고민과 아픔이 없어진다는 뜻은 아니다. 예수님의 제자들의 삶에서 분명히 볼 수 있듯이 회심 후에도 고난은 줄어들지 않는다. 오히려 고난이 더 심해질 때도 있다. 그러나 이제 우리의 관심은 "더하고 덜하고"에 있지 않다. 중요한 것은 성령의 음성을 귀 기울여 듣고, 기쁨의 자리든 아픔의 자리든 그분이 인도하시는 대로 순종하며 가는 것이다.

가난과 아픔과 고생과 고뇌와 깊은 고통은 물론이고 내면의 어둠까지도 우리에게 어느 정도 계속될 수 있다. 심지어 이를 통해 하나님이 우리를 정화하시기도 한다. 그러나 우리 삶에 더 이상 권태나 원망이나 우울이나 고립은 없다. 세상에서 일어나는 모든 일이 아버지 집으로 가는 우리 여정의 일부임을 알기 때문이다.

✝

## 우리의 기도

주님, 거룩한 사순절이 빠르게 지나고 있습니다.
이 절기에 들어설 때 두려움이 있었지만
큰 기대감도 함께 있었습니다.
제가 바라는 것은 굵직한 돌파구,
강력한 회심, 심기일전이었지요.
제 영혼 안에 어둠이라곤
흔적조차 남지 않을 정도로
빛으로 충만한 부활절을 원했습니다.
사도 바울과 여러 믿음의 선배들도

많은 어둠을 통과한 후에야
주님의 빛을 볼 수 있었지요.
주님의 부드러운 방식에 감사하게 하소서.
주님이 일하고 계심을 압니다.
저를 혼자 두시 않으실 것도 압니다.
부활절을 앞두고 저를 깨우시되
제 이력과 기질에 맞게 하신다는 것도 압니다.
지난 석 주 동안 저를 불러
주님의 고난의 신비 속으로
온전히 들어가게 하신 주님,
제게 더 간절한 열망을 주셔서
주님이 내시는 길을 따르게 하시고
주님이 주시는 십자가를 받게 하소서.
길과 십자가를 제 뜻대로 택하려는
욕심을 버리게 하소서.
주님의 뜻대로 저를 영웅이 아니라
주님을 사랑하는 종으로 빚으소서.
내일과 그 후의 나날에도 저와 함께하셔서
주님의 부드러운 임재를 누리게 하소서.
예수님의 이름으로 기도드립니다. 아멘.

사순절 시작:
재의 수요일

내려가는 길

사순절 셋째 주
주의 세미한 음성을
들으며

사순절 첫째 주
아버지의 뜻을 따라

사순절 둘째 주
섬기시는 하나님

사순절 넷째 주
# 고통을 통과한 영광

사순절 다섯째 주
## 하나님의 눈먼 사랑

사순절 여섯째 주: 고난주간
## 십자가의 길

부활주일
## 죽음에서 생명으로

# 눈먼 마음을
# 고치소서

◊

내가 보는 것은 사람과 같지 아니하니 사람은 외모를 보거
니와 나 여호와는 중심을 보느니라(삼상 16:7).

주변의 반응에 의존하며 살아가는 것이 곧 세속성이다. 세속적 자아 내지 거짓 자아는 토머스 머튼의 표현으로는 사회적 강박증이 날조해 낸 자아다. '강박적'이라는 말은 거짓 자아에 가장 잘 어울리는 수식어다. 이는 끊임없이 더 인정받으려는 욕구와 맞닿아 있다. 나는 누구인가? 나는 남들의 호감, 칭찬, 감탄, 반감, 미움, 멸시 따위를 받는 존재다. 강박증은 실패에 대한 은밀한 두려움으로 나타난다. 그래서 어떻게든 일도 더 많이, 돈도 더 많이, 친구도 더 많이 모아 실패를 막으려 한다.

바로 이런 강박증이 영적 삶의 두 가지 주된 적인 분노와 탐욕의 기초가 된다. 이 둘은 세속적 삶의 내면적 실상이요 세상을 의존할 때 맺히는 쓰고 신 열매다.

그래서 안토니우스와 동료 수도자들은 사회의 신조와 가치관을 수동적으로 수용하는 것을 영적 재앙으로 여겼다. 세상의 매혹적인 강박증에서 벗어나기가 그리스도인 개인으로서는 물론이고 교회 자체로서도 얼마나 힘든 일인지 깨달았기 때문이다. 그래서 그들은 어떻게 반응했던가? 침몰하는 배에서 벗어나고자 몸부림쳐 자기 목숨을 건졌다. 그 구원의 자리는 바로 "사막"이라는 고독의 자리였다.

고독은 변화의 도가니다. 고독이 없으면 우리는 계속 사회의 피해자가 되어 거짓 자아의 환상에서 헤어나지 못한다. 예수님도 이 도가니에 들어가셨다. 거기서 그분은 세상의 세 가지 강박증, 곧 현실성(이 돌들로 떡덩이가 되게 하라)과 인기(뛰어내리라)와 권력(이 모든 것[천하만국과 그 영광]을 네게 주리라)으로 시험받으셨다. 그리고 거기서 하나님을 자기 정체성의 유일한 근원으로 확언하셨다(주 너의 하나님께 경배하고 다만 그를 섬기라). 고독은 치열한 싸움의 자리이자 위대한 만남의 자리다. 거기서 우리는 거짓 자아의 강박증에 맞서 싸우는 한편, 자신을 새 자아의 본질로 내어 주시는 사랑의 하나님을 만난다.

◈

마음이란 인간 존재의 핵심이다. 우리의 가장 깊은 생각과 직관과 감정과 결정의 근원이 되는 곳이다. 그러나 인간이 자신으로부터 가장 소외되어 있는 곳도 바로 마음이다. 우리는 자신의 마음을 거의 모르거나 전혀 모른다. 두려운 듯 늘 자신의 마음에 거리를 둔다. 가장 내밀한 그곳이 동시에 가장 큰 두려움의 대상이다. 자신의 실체가 머무는 그곳에서 오히려 스스로 이방인이 될 때가 많다. 인간 존재의 아픈 부분이다. 우리는 자신의 숨겨진 중심을 모른다. 그렇게 자신의 참 존재를 모른 채 살다가 죽어 간다. 많은 경우 자신이 특정한 방식으로 생각하고 느끼고 행동하는 이유를 모른다. 자기 집에서 이방인이 되는 것이다. 예수님은 우리 마음의 은밀한 곳에서 우리를 만나 거기서 자신의 사랑을 우리에게 보이기 원하신다. 우리를 두려움에서 해방하여 우리의 가장 깊은 자아를 알게 하려 하신다. 이것이 영적 삶의 신비다. 그러므로 마음의 은밀한 곳에서 우리는 예수님을 알 뿐 아니라 또한 그분을 통해 자신을 알 수 있다.

✝

## 우리의 기도

전능하신 하나님,
주님의 영원한 말씀은
모든 인간을 비추는 참 빛입니다.
제 마음의 가장 은밀한 곳에서
하나님 사랑을 만나게 하소서.
거짓 자아와 싸우는 제가 사랑의 주님을 만나
새 자아로 태어나게 하소서.
예수님의 이름으로 기도드립니다. 아멘.

# 하나님의 사랑을
# 믿으라

◊

예수께서 다시 갈릴리 가나에 이르시니 전에 물로 포도주
를 만드신 곳이라 왕의 신하가 있어 그의 아들이 가버나움
에서 병들었더니 그가 예수께서 유대로부터 갈릴리로 오
셨다는 것을 듣고 가서 청하되 내려오셔서 내 아들의 병을
고쳐 주소서 하니 그가 거의 죽게 되었음이라 예수께서 이
르시되 너희는 표적과 기사를 보지 못하면 도무지 믿지 아
니하리라 신하가 이르되 주여 내 아이가 죽기 전에 내려오
소서 예수께서 이르시되 가라 네 아들이 살아 있다 하시니
그 사람이 예수께서 하신 말씀을 믿고 가더니 (요 4:46-50).

예수님의 내려가는 삶은 비록 고통의 길이지만, 우리가 바라는 모든 것이 이미 주어져 있음을 일깨우는 하나님의 가장 확실한 방법이다. 그분이 우리에게 요구하시는 것은 그 사랑을 믿는 것이다. 믿음이라는 말은 흔히 "이해가 안 가도 덮어놓고 받아들인다"라는 뜻으로 통한다. "믿음은 설명이 안 되는 일이라 그냥 믿어야 된다." 사람들이 흔히 하는 말이다. 그러나 예수님이 말씀하시는 믿음이란 무엇보다도 당신이 사랑받고 있다는 사실을 전폭적으로 믿는다는 뜻이다. 그래야 당신이 사랑을 얻으려는 모든 헛된 방식을 버릴 수 있다. 그래서 예수님은 니고데모에게 말씀하시기를 인간은 낮은 곳으로 임하신 하나님의 사랑을 믿어야 불안과 폭력에서 벗어나 영생을 얻는다고 하셨다.

〜

하나님은 우리의 고통을 없애 주시는 게 아니라 먼저 고통에 동참하신다. 그분의 사랑은 그래서 신비롭다. 이 신성한 연대에서 새 생명이 나온다. 예수님은 인간의 고통을 존재의 심연으로부터 함께 느끼시는데, 이것이야말로 새 생명의 전조다. 우리

하나님은 살아 있는 자들의 하나님이다. 그분의 신성한 태에서 늘 생명이 다시 태어난다. 참으로 기쁜 소식은 하나님이 냉담하시거나 두려워 피해야 할 신, 복수의 신이 아니라는 것이다. 그분은 우리의 고통을 함께 느끼시고 인간의 고뇌에 온전히 동참하신다.

✝

## 우리의 기도

우리의 고통을 누구보다 잘 아시는 주님,
우리를 향한 당신의 사랑이 신비롭습니다.
이 고통을 견뎌야만
새 생명이 존재함을 아셨던 주님을
깊이 묵상하게 하소서.
하나님 사랑을 의심하지 않고
전적으로 신뢰하게 하소서.
예수님의 이름으로 기도드립니다. 아멘.

**Day  24**

# 하나님의 영광이
# 네 안에 거하게 하라

◊

그 후에 예수께서 성전에서 그 사람을 만나 이르시되 보라
네가 나았으니 더 심한 것이 생기지 않게 다시는 죄를 범하
지 말라 하시니(요 5:14).

기도하면 응답될 뿐 아니라 치유도 된다. 하나님과 경쟁하던 것을 그만두고 우리 마음을 조금도 남김없이 그분께 드리면, 우리를 향한 그분의 사랑을 알게 되고 자신이 그분의 품안에서 얼마나 안전한지를 깨닫는다. 하나님이 우리를 버리시기는커녕 꼭 안아 주심을 일단 다시 알면, 설령 그분이 우리의 바람과는 다른 쪽으로 삶을 인도하실지라도 삶의 기쁨을 찾을 수 있다.


정확한 내용은 기억나지 않지만, 주방에서 일하던 나는 사소한 비판의 말과 몇 번의 자극으로 완전히 속이 뒤집혀 기분이 몹시 언짢아졌다. 여러 악감정이 고개를 쳐들고 음울한 연상이 꼬리를 물면서, 나 자신과 내 과거의 일과 떠오르는 모든 사람에 대해 점점 더 심기가 뒤틀렸다. 다행히 내 실족을 감지했고, 이런 작은 일로도 평정심을 잃고 삶 전체의 맥락마저 놓치는 자신이 어이없게 여겨졌다. 아, 나는 얼마나 연약한 존재인가.

기도하는 사람들로 가득한 이곳의 환경 덕분에 내 분노가 행동으로 확 터져 나오지는 않는다. 내 작은 평정심의 빈자리가 순식간에 사방에서 떨어지는 돌멩이와 쓰레기로 다시 채워지는 것을 자리에 앉아 지켜볼 따름이다.

　이런 기분으로는 기도가 잘 안 된다. 그래도 노동 직후의 짤막한 기도 시간에 우리는 때 묻은 작업복 차림으로 바깥에 서서 "너희 중에 고난당하는 자가 있느냐. 그는 기도할 것이요"라는 말씀을 읽는다. 과연 기도는 내 마음을 정결하게 하고 새로운 공간을 낼 수 있는 유일한 참 길이다. 내면의 그 공간이 얼마나 중요한지를 깨닫는 중이다. 그곳이 확보되어 있으면 그 안에 사람들의 문제를 많이 받아들여도 내가 우울해지지 않는 것 같다. 내면의 고요한 자리가 느껴질 때면 나는 많은 사람을 위해 기도할 수 있고 그들과의 관계도 아주 친밀하게 느껴진다. 감옥과 북아프리카 사막에서 고생하는 무수히 많은 사람까지도 넉넉히 품을 수 있을 것만 같다. 그럴 때면 마치 내 마음이 인도네시아를 여행 중인 부모님께로, 로스앤젤레스의 친구들에게로, 칠레의 감옥에서 브룩클린의 교구로 넓어지는 기분이다.

　이제 나는 내가 기도하는 게 아니라 내 안에서 성령께서 기도하신다는 것을 안다. 사실 하나님의 영광이 내 안에 거할 때면, 그 영광이 새롭게 할 수 없을 만큼 너무 멀거나, 너무 고통스럽거나, 너무 이상하거나, 너무 뻔한 문제는 하나도 없음을 깨닫는다. 내 안에서 하나님의 영광을 느끼며 그 영광이 드러날 자리를 내어 드릴 때마다 나는 인간의 모든 문제를 그곳으로 가져갈 수 있다. 그렇게만 되면 어떤 일도 달라지지 않을 수 없다. 물론 하나님은 내 기도를 들으신다. 가끔은 그 사실이 피부로 느껴진다. 그분은 내 안에서 기도하시며 지금 여기서 사랑으로 온 세계를 만지신다.

✝

## 우리의 기도

중풍병자를 다시 걷게 하시기 전에

죄부터 사해 주신 주 예수 그리스도여,

제 삶 속에 임재하시는 주님의 용서를

이번 사순절 기간에 더 깊이 인식하게 하시고,

주변 세상 보기에 잘하려는 마음을 버리게 하소서.

주님이 거하시며 저를 치유해 주시는

제 마음속 심연의 그 순결한 곳에서

주님을 알아보게 하소서.

주님이 저를 가르치시고 인도하시는

제 존재의 중심부에서 주님을 경험하게 하소서.

그야말로 아무것도 – 제 최악의 죄까지도 –

마음에 담아 두지 않으시고
저를 가만히 품어 어루만져 주시는 주님을
경험케 하소서.
주님을 제 주님 되지 못하게 막는
많은 두려움과 의심과 불신을 제하시고
제게 용기와 자유를 주셔서
주님의 한없는 자비를 확신하는 가운데
벌거벗고 연약한 모습으로
주님 임재의 빛 가운데 나아가게 하소서.
제가 얼마나 고집이 세고
얼마나 빠르게 빛 대신
어둠을 택하는지를 압니다.
하지만 주님이 계속 저를
빛 가운데로 부르시는 것도 압니다.
거기서 저는 제 죄만 아니라
주님의 은혜로운 얼굴도 볼 수 있지요.
매일 매시간 저와 함께하소서.
찬송과 영광을 이제부터 영원까지 주님께 드립니다.
예수님의 이름으로 기도드립니다. 아멘.

# Day 25

## 성부
## 성자
## 성령

◇

내가 진실로 진실로 너희에게 이르노니 아들이 아버지께
서 하시는 일을 보지 않고는 아무것도 스스로 할 수 없나니
아버지께서 행하시는 그것을 아들도 그와 같이 행하느니
라(요 5:19).

예수님의 순종은 사랑 많으신 아버지의 말씀을 두려움 없이 들으신다는 뜻이다. 아버지와 아들 사이에는 사랑밖에 없다. 아버지는 자신에게 속한 것을 모두 아들에게 주시고(눅 10:22) 아들은 자신이 받은 것을 모두 아버지께 돌려 드린다. 아버지는 아들에게 자신을 온전히 열어 보이시며 모든 것 ─ 모든 지식(요 12:50), 모든 영광(요 8:54), 모든 능력(요 5:19-21) ─ 을 그 손에 맡기신다. 아들 또한 아버지께 자신을 온전히 열어 보이며 모든 것을 아버지 손에 다시 돌려 드린다. "내가 아버지에게서 나와 세상에 왔고 다시 세상을 떠나 아버지께로 가노라"(요 16:28).

아버지와 아들 사이의 이 다함없는 사랑은 우리가 아는 모든 형태의 사랑을 포함하면서 동시에 그것을 뛰어넘는다. 거기에는 아버지와 어머니의 사랑, 형제와 자매의 사랑, 남편과 아내의 사랑, 스승과 친구의 사랑이 포함되어 있다. 그러나 우리가 아는 인간 세상의 많은 유한하고 갑갑한 사랑 체험을 훨씬 초월하는 게 또한 그 사랑이다. 그것은 챙겨 주면서도 요구하는 사랑이다. 다독이면서도 엄한 사랑이다. 부드러우면서도 강한 사랑이다. 생명을 주면서도 죽음을 받아들이는 사랑이다. 예수님은 하나님의 이 사랑 안에서 세상에 보냄을 받으셨고, 바로 그 사랑을 위해 십자가에서 자신을 내어 주셨다. 성부와 성자의 관계의 핵심인 이 총체적 사랑은 곧 성부 성자와 동등하신 또 하나의 인격신이기도 하다. 그래서 그분께도 따로 이름이 있으니 곧 성령이다. 아버지는 아들을 사랑하여 아들 속에 자신을 부어 주시고, 아버지께 사랑받는 아들은 자신의 전 존재를 아버지께 돌려 드린다. 성령은 사랑 자체이시며 성부와 성자를 영원히 감싸 안으신다.

이 영원한 사랑 공동체가 예수님의 영적 삶의 중심이자 원천이다. 그분의 삶은 사랑의 성령 안에서 막힘없이 아버지께로 수렴되었고, 그분의 사역은 바로 그 삶의 열매다. 그분의 식사와 금식, 기도와 행동, 여정과 휴식, 설교와 가르침, 귀신 쫓음과 치유가 다 사랑의 성령 안에서 행해졌다. 이 많은 일이 한 가지 일 – 완전하고 친밀한 사랑 속에서 아버지의 말씀을 들으시는 것 – 에 뿌리를 두고 있음을 포착하지 않는 한, 우리는 예수님의 엄청나게 다양한 사역의 온전한 의미를 결코 이해할 수 없다. 그것을 제대로 볼 때 우리는 예수님 사역의 오직 한 가지 목표가 곧 우리를 그 가장 친밀한 공동체 안으로 불러들이시는 것임을 또한 깨닫게 된다.

복음서 본문에 밝히셨듯이 예수님의 모든 행위는 아버지와의 관계 속에서 이루어졌다.

예수님의 말씀은 내게 특별한 의미가 있다. 나도 끊임없이 예수님과의 관계 속에서 그리고 그분을 통해 아버지와의 관계 속에서 살아가야 한다. 이 관계가 영적 삶의 핵심이다. 이 관계 덕분에 내 삶은 '시류'에 휩쓸리지 않는다. 이 관계 덕분에 내 하루하루는 권태와 피로와 탈진과 우울과 좌절에 빠지지 않는다. 내 모든 행위는 점점 더 하나님의 삶에 동참하는 것이 되어야 한다. 그분처럼 나도 사랑으로 전부를 주고받을 수 있다면, 삶 전체가 지리멸렬한 성질을 잃고 복되게 변한다. 매사가 쉬워지고 조화로워진다는 뜻은 아니다. 앞으로도 고뇌가 많을 것이다. 그러나 하나님의 고뇌와 연결되면 내 고뇌조차도 생명으로 이어질 수 있다.

## 우리의 기도

성부, 성자, 성령의 하나님과
친밀함 누리게 하소서.
그리하여 더 이상 시류에 휩쓸리지 않고
권태와 피로와 탈진과
우울과 좌절에 빠지지 않게 하소서.
우리 모든 행위가 하나님의 삶에 동참되어
생명의 통로 되게 하소서.
어리석은 우리 고뇌까지도 사용하소서.
예수님의 이름으로 기도드립니다. 아멘.

**Day 26**

# 수모와 죽음을 통과한
# 영광

◊

너희가 서로 영광을 취하고 유일하신 하나님께로부터 오
는 영광은 구하지 아니하니 어찌 나를 믿을 수 있느냐(요
5:44).

'영광'이 얼마나 요한복음의 핵심 단어인지 점차 깨닫게 된다. 거기에는 하나님의 영광도 있고 인간의 영광도 있는데, 전자는 생명으로 인도하는 바른 영광이고 후자는 사망으로 인도하는 헛된 영광이다. 요한이 이 복음서 전체에서 보여 주듯이 우리는 하나님에게서 오는 영광보다 헛된 영광을 더 좋아해서 그쪽으로 마음이 끌린다.

인간의 영광은 늘 모종의 경쟁과 맞물려 있다. 남보다 착하거나 빠르거나 예쁘거나 강하거나 성공했다고 인정받아야 영광을 누린다. 사람이 부여하는 영광은 이처럼 타인과 비교해서 우월할 때 찾아온다. 삶이라는 점수판의 숫자가 높을수록 더 영광을 받는다. 상향 이동에 수반되는 영광이다. 성공의 사다리를 높이 오를수록 영광의 열매도 많아진다. 하지만 이 영광은 어둠을 부른다. 인간의 영광은 경쟁에 기초하다 보니 대립을 낳고, 대립은 폭력의 불씨를 품고 있으며, 폭력은 사망에 이르는 길이다. 그래서 인간의 영광은 결국 헛된 영광, 가짜 영광, 덧없는 영광이다.

그러면 하나님의 영광을 어떻게 바라보고 또 받을 것인가? 요한복음에 보면 하나님은 일부러 수모를 통해 우리에게 자신의 영광을 보여 주신다. 이것은 기쁜 소식이면서 또한 불온한 소식이다. 지혜가 무한하신 하나님이 우리에게 자신의 신성을 계시하기로 택하신 방식은 경쟁이 아니라 긍휼이다. 즉 우리와 함께 고통당하시는 것이다. 그분은 하향 이동의 길을 택하셨다. 예수님은 자신이 영화롭게 되거나 하나님을 영화롭게 한다고 말씀하실 때마다 늘 자신의 수모와 죽음을 언급하신다. 바로 십자가의 길을 통해 그분은 하나님을 영화롭게 하시고, 하나님으로부터 영광을 받으시며, 우리에게 하나님의 영광을 알리신다. 부활의 영광은 결코 십자가의 영광과 분리될 수 없다. 부활하신 주님은 늘 우리에게 자신의 상처를 보여 주신다.

이렇듯 하나님의 영광은 인간의 영광과 대조된다. 사람은 영광을 얻으려고 위로 올라가지만, 하나님은 자신의 영광을 보여 주시려고 아래로 내려오신다. 참으로 하나님의 영광을 보려면 우리도 예수님과 함께 아래로 내려가야 한다. 빈민과 압제받는 자와 연약한 자와 더불어 연대하며 살아야 할 가장 근본적인 이유가 여기에 있다. 그들을 통해 우리에게 하나님의 영광이 나타날 수 있다. 하나님께로 가는 길, 구원에 이르는 길을 그들이 우리에게 보여 준다.

✝
# 우리의 기도

주님, 지난 몇 주 동안 저는
회개와 금식과 기도에 힘쓰지 않고
보낸 적이 많았습니다.
사순절인지도 모른 채
이 절기의 영적 열매를 놓쳐 버린 때가 많았습니다.
하지만 사순절을 지키지 않고
부활절을 제대로 경축할 수 없음을 깨닫습니다.
주님의 죽음에 동참하기를 거부하면서
주님의 부활을 온전히 기뻐할 수 없음을 깨닫습니다.
주님과 함께, 주님을 통해,
주님 안에서 제 자아가 죽어서
부활하신 주님이 제게 나타나실 때
주님을 알아볼 준비가 되게 하소서.
엉뚱한 애착, 탐심과 분노,
참지 못하며 인색한 마음 등
제 안에는 죽어야 할 게 너무 많습니다.
오 주님, 저는 이기적이라서

저 자신, 제 일, 제 미래,

제 이름과 앞길과 명예만 생각합니다.

정말 충실하게 주님의 길로 갔어야 할 제가

얼마나 주님과 함께 죽지 못했는지

이제야 밝히 보입니다.

오 주님, 이번 사순절은 예년과는 다르게 하소서.

주님을 다시 만나게 하소서.

예수님의 이름으로 기도드립니다. 아멘.

# Day 27

## 듣고
## 순종하면

◊

너희가 나를 알고 내가 어디서 온 것도 알거니와 내가 스스
로 온 것이 아니니라 나를 보내신 이는 참되시니 너희는 그
를 알지 못하나 나는 아노니 이는 내가 그에게서 났고 그가
나를 보내셨음이라(요 7:28-29).

예수 그리스도와의 교제는 최대한 많이 고난당하려는 헌신이 아니라 그분과 함께 하나님의 사랑을 두려움 없이 들으려는 헌신이다.

걸핏하면 우리는 고난을 '하나님의 뜻'으로 '설명하려' 한다. 이는 분노와 좌절을 유발할 수 있을 뿐 아니라 옳지도 않다. '하나님의 뜻'은 불행한 상황에 갖다 붙여도 되는 꼬리표가 아니다. 그분이 주시려는 것은 아픔이 아니라 기쁨이며, 전쟁이 아니라 평화, 고난이 아니라 치유이다. 그러므로 무턱대고 아무거나 하나님의 뜻이라고 단정할 게 아니라 기꺼이 자신에게 이렇게 물어야 한다. 사랑으로 임재하시는 하나님을 내 아픔과 고난 속의 어디서 알아볼 수 있을까?

듣고 순종하면 우리는 고통당하는 이웃에게 즐거이 다가갈 수 있다. 우리를 그 자리로 이끄는 것이 사랑임을 알기 때문이다. 우리가 잘 듣지 못하는 이유는 하나님께 사랑 말고 다른 것이 있을까봐 두려워하기 때문이다. 질투나 원망이나 복수나 심지어 증오가 묻어 있는 사랑을 경험할 때가 많다 보니 그럴 만도 하다. 우리가 접하는 사랑에는 대개 온갖 제약과 조건이 붙어 있다. 그래서 사랑이라면 의심부터 하고 본다. 실망할 준비를 하고 늘 경계하는 것이다.

그래서 우리는 그냥 듣거나 순종하기가 힘들다. 하지만 예수님은 참으로 듣고 순종하셨다. 그분만이 아버지의 사랑을 아셨기 때문이다. "이는 아버지를 본 자가 있다는 것이 아니니라 오직 하나님에게서 온 자만 아버지를 보았느니라"(요 6:46). "너희는 그를 알지 못하나 나는 아노니 이는 내가 그에게서 났고 그가 나를 보내셨음이라"(요 7:28-29).

그분은 자신의 거룩한 순종에 우리도 동참시키기 위해 오셨다. 우리를 아버지께로 인도하여 자신이 누리시는 친밀함을 우리도 똑같이 누리게 하신다. 우리는 예수님 안에서 하나님의 자녀가 되어, 사랑 많으신 아버지의 말씀을 듣고 전적으로 신뢰하고 순종하도록 부름을 받았다. 그 사실을 깨달으면 우리도 예수님과 똑같이 긍휼을 베풀도록 부름 받았다는 사실을 알게 된다. 순종이 우리의 첫째이자 유일한 관심사가 되면 우리도 긍휼을 품고 세상에 들어갈 수 있으며 우리의 긍휼을 통해 사람들에게 새로운 삶을 줄 수 있다.

익히 알다시피 오늘 우리가 살고 있는 세상에는 고난이 넘쳐난다. 그래서 이전 어느 때보다도 더 그리스도께서 세상에서 손을 떼신 것처럼 보인다. 이런 세상에서 우리가 언제라도 성령을 받을 수 있다는 게 과연 믿어지는가? 그래도 나는 이것이 참소망의 메시지라 믿는다. 하나님은 손을 떼신 게 아니다. 오히려 아들을 보내 우리의 인간 조건에 동참하셨고, 아들은 성령을 보내 우리를 자신의 신성하고 친밀한 삶 속으로 인도하신다. 사랑의 영이신 성령은 인류의 아수라장 같은 고난의 한복판에서 자신을 드러내신다. 그러나 우리가 그분의 임재를 알아볼 수 있을 것인가?

✝

## 우리의 기도

자비로우신 하나님,

우리의 연약함과 고통을 주님은 아십니다.

그러나 우리가 약할수록

주님의 도움은 더 커집니다.

선물로 주시는 이 은혜의 때를

기쁨과 감사로 받아

우리 삶 속에서 말씀을 듣고 순종하게 하소서.

예수님의 이름으로 기도드립니다. 아멘.

**Day 28**

# 사람이 두려웠던
# 니고데모처럼

◊

이 말씀을 들은 무리 중에서 어떤 사람은 이 사람이 참으로
그 선지자라 하며 어떤 사람은 그리스도라 하며 어떤 이들
은 그리스도가 어찌 갈릴리에서 나오겠느냐(요 7:40-41).

요한복음 7장에서 보듯이 예수님께는 그분이 어디로 가시든 기꺼이 따르려는 충실한 친구들과 그분을 제거하고 싶어 안달이 난 사나운 적들만 있었던 게 아니라 그분께 끌리면서도 동시에 두려워하는 동조자도 많이 있었다.

부자 청년은 예수님을 사랑했지만 재물을 버리고 그분을 따를 수 없었다. 니고데모는 예수님을 우러러보았지만 동료들의 신망을 잃을까봐 두려웠다. 이 두려워하는 동조자들을 주시하는 게 내게 점점 더 중요해 보인다. 나 역시 그들과 닮아 있기 때문이다.

바리새인 니고데모는 동료들에게 "우리 율법은 사람의 말을 듣고 그 행한 것을 알기 전에 심판하느냐"(요 7:51)라고 말했다. 신중한 말이다. 예수님을 미워하는 무리에게 한 말이긴 하지만, 어디까지나 그들의 기준에서 한 말이다. "너희가 예수님을 미워해서 죽이려 한다만 그래도 체통을 잃지 말고 규정대로 하라"는 말과 같다. 니고데모는 예수님을 살리려고 그렇게 말하면서도 친구들을 잃고 싶지 않았다. 그러나 소용없었다. 친구들은 "너도 갈릴리에서 왔느냐. 찾아보라. 갈릴리에서는 선지자가 나지 못하느니라"(52절)고 그를 조롱했다. 개인으로서만 아니라 전문가로서도 그의 정체성이 공격당한 것이다.

아주 익숙한 장면이다. 나도 주교 위원회와 교수 회의에서 니고데모처럼 말한 적이 많이 있다. 예수님을 사랑한다고 솔직하게 말하는 게 아니라 내 딴에는 머리를 써서 동료들에게 문제의 다른 면을 보아야 하지 않겠느냐고 돌려 말했다. 그러면 대개 그들은 내가 자료를 충분히 조사하지 않았다거나 감상적 애착 때문에 전문가답게 접근하지 못하는 것 같다는 반응을 보인다. 정답을 정할 권한은 그들에게 있는지라 결국 그들은 억지로 내 말문을 막았다. 하지만 거부당할까봐 진심을 토로하지 않은 것은 내 두려움 탓이었다.

니고데모를 내 반면교사로 삼아야 한다.

✝

# 우리의 기도

사랑하는 주님,

마음이 온유하고 겸손하신 주님을 닮아

자비와 온유의 삶을 살게 하소서.

말로는 늘 "주님이 나를 사랑하신다"라고 되뇌지만

주님의 사랑이

제 머리에서 가슴으로 내려오지 않았음을

번번이 고백할 수밖에 없습니다.

오 주님,

주님이 정말 저를 얼마나 사랑하시는지를

남은 사순절 동안 다시금 볼 수 있게 하소서.

이 몇 주간을 계기로

주님의 사랑에 저항하는 마음을

모두 버리게 하시고,

저를 주님께로 더 가까이 불러 주소서.

예수님의 이름으로 기도드립니다. 아멘.

사순절 시작:
재의 수요일

## 내려가는 길

사순절 셋째 주
주의 세미한 음성을
들으며

사순절 첫째 주

## 아버지의 뜻을 따라

사순절 둘째 주

## 섬기시는 하나님

사순절 넷째 주

고통을 통과한 영광

사순절 다섯째 주
하나님의 눈먼 사랑

사순절 여섯째 주: 고난주간
십자가의 길

부활주일
죽음에서 생명으로

# 요나의
# 표적

◇

나는 부활이요 생명이니 나를 믿는 자는 죽어도 살겠고 무
릇 살아서 나를 믿는 자는 영원히 죽지 아니하리니(요 11:25-
26).

고난과 죽음을 통해 새 생명을 얻는 것, 그것이 복음의 핵심이다. 예수님은 우리 앞에서 그 해방의 길을 살아 내셨고, 그것을 거대한 표적으로 삼으셨다. 인간은 언제나 표적 ‒ 냉혹한 현실에서 조금이라도 벗어나게 해 줄 굉장하고 특별하고 선풍적인 사건 ‒ 을 보기 원한다. 우리는 뭔가 대단한 것, 특별한 것, 평범한 일상생활을 잠재울 수 있는 것을 보고 싶어 한다. 그렇게 잠시나마 숨바꼭질을 할 수 있다. 그러나 "선생님이여, 우리에게 표적 보여 주시기를 원하나이다"라고 말하는 이들에게 예수님은 이렇게 답하셨다. "악하고 음란한 세대가 표적을 구하나 선지자 요나의 표적밖에는 보일 표적이 없느니라. 요나가 밤낮 사흘 동안 큰 물고기 배속에 있었던 것같이 인자도 밤낮 사흘 동안 땅속에 있으리라."

　　여기서 우리는 진정한 표적이 무엇인지 알 수 있다. 그것은 거창한 기적이 아니라 예수님의 고난과 죽음과 묻힘과 부활이다. 예수님을 기꺼이 따르는 이들만이 이해할 수 있는 위대한 표적은 곧 요나의 표적이다. 요나도 한때 현실에서 도망치려 했으나 다시 하나님의 부르심을 받고 어려운 사명을 끝까지 감당했다. 고난과 죽음에 당당히 맞서 하나님이 주시는 새 생명의 소망을 품고 직접 통과해 나가는 것, 그것이 예수님의 표적이요 그분을 본받아 영적 삶을 살려는 모든 인간의 표적이다. 그것은 십자가의 표적이다. 고난과 죽음의 표적인 동시에 완전히 새로워질 소망의 표적이다.

～

예수님은 고난과 죽음을 피하려는 인간의 성향을 정면으로 거스르셨다. 그럼에도 그분을 따르는 이들은 환상 속에서 사는 것보다 눈을 크게 뜨고 진리대로 사는 것이 더 나음을 깨달았다.

예수님의 좁은 길에는 고난과 죽음이 수반되지만, 그렇다고 그분이 고난과 죽음을 아름답거나 선하거나 바람직한 것으로 미화하지는 않으신다. 영웅주의나 자폭의 희생을 요구하지도 않으신다. 그분은 우리를 불러 실존의 현실을 직시하게 하시고, 그 냉엄한 현실이 곧 새 생명에 이르는 길임을 알려 주신다. 예수님의 핵심 메시지는 곧 참된 기쁨과 평안에 이르려면 고난과 죽음을 에돌아서는 안 되고 반드시 그것을 똑바로 통과해야 한다는 것이다.

우리 자신의 말대로라면 우리에게 정말 선택권이 없을지도 모른다. 그도 그럴 것이 누군들 고난과 죽음을 피할 수 있겠는가? 하지만 그래도 선택의 여지는 남아 있다. 우리는 삶의 현실을 부인할 수도 있고 직시할 수도 있다. 직시하되 절망하지 않고 예수님의 눈으로 보면, 우리가 가장 예상하지 못한 곳에 죽음보다 강한 약속이 숨어 있음을 알게 된다. 예수님은 이 땅에 사실 때 하나님의 사랑이 죽음보다 강하다는 것과 따라서 죽음이 최종 승자가 아니라는 것을 믿으셨다. 그런 그분이 우리를 불러 실존의 고통스러운 현실을 똑같은 믿음으로 직시하게 하신다. 이 것이 사순절의 핵심이다.

✝

## 우리의 기도

영생의 말씀이 주께 있으니
주님은 양식과 음료요, 길
과 진리와 생명이십니다.
주님은 어둠을 비치시는 빛이요,
등경 위의 등불이요, 산 위의 집이십니다.
주께서 하나님의 완전한 성상이시니
저는 주님 안에서 하늘 아버지를 뵙고,
주님으로 말미암아 아버지께로 갑니다.

고통스러운 현실을 돌파할 믿음을 주소서.

참된 위로와 힘은 주님께만 얻을 수 있음을 압니다.

주님께 제 전 존재를 드리고 싶습니다.

제 모든 소유와 생각과 행동과 감정을

다 주님께 드립니다.

받으시고 온전히 주님의 것으로 삼으소서.

예수님의 이름으로 기도드립니다. 아멘.

**Day 29**

# 하나님이
# 우리와 같이 되시다

◊

서기관들과 바리새인들이 음행 중에 잡힌 여자를 끌고 와
서 가운데 세우고 예수께 말하되 선생이여 이 여자가 간음
하다가 현장에서 잡혔나이다 모세는 율법에 이러한 여자를
돌로 치라 명하였거니와 선생은 어떻게 말하겠나이까 그들
이 이렇게 말함은 고발할 조건을 얻고자 하여 예수를 시험
함이러라 예수께서 몸을 굽히사 손가락으로 땅에 쓰시니
그들이 묻기를 마지 아니하는지라 이에 일어나 이르시되
너희 중에 죄 없는 자가 먼저 돌로 치라 하시고(요 8:3-7).

하나님은 긍휼의 하나님이다. 무엇보다 이것은 그분이 우리와 함께하시기로 작정하셨다는 뜻이다. 그분을 "우리와 함께하시는 하나님"이라고 부르는 순간 우리는 그분과의 새롭고 친밀한 관계 속으로 들어간다. 작정하신 대로 그분은 우리와 연대하여 사시고, 우리의 기쁨과 아픔을 나누시고, 우리를 지켜 보호하시고, 삶 전체를 우리와 함께 겪으신다. 그 사실을 알기에 우리는 그분을 '임마누엘'이라고 부른다.

우리와 함께하시는 하나님은 가까이 오셔서 우리의 피난처와 요새와 지혜가 되신다. 더 친밀하게 우리의 목자와 사랑이 되셔서 우리를 돕기까지 하신다. "우리 가운데 거하시매"(요 1:14)라는 말씀을 머리와 마음으로 깨닫지 못하는 한 우리는 결코 하나님을 긍휼의 하나님으로 제대로 알 수 없다.

하나님이 손님이나 외인이나 구경꾼이 아니라 우리 하나님이심을 어떻게 알 수 있을까? 하나님의 긍휼이 예수님을 통해 가시화되었기 때문에 안다. 예수님은 "너희 아버지의 자비로우심같이 너희도 자비로운 자가 되라"라고 말씀하셨을 뿐 아니라 이 세상에 하나님의 자비를 드러내시는 유형(有形)의 화신이 되셨다. 무지한 자와 빈민과 맹인과 나환자와 과부 등 고통을 안고 찾아오는 모든 사람을 향한 그분의 반응은 하나님의 긍휼에서 흘러나왔다. 그분을 우리 중 하나가 되게 하신 것이 바로 그 긍휼이다.

하나님의 신비로운 긍휼을 깨달으려면 예수님의 말씀과 행동에 예의 주시해야 한다. 병마에 시달리던 이들이 갑자기 고통에서 해방되었다는 사실에만 우리가 감동한다면, 복음서에 나오는 많은 기적 이야기를 오해하는 것이다. 정말 그것이 기적의 핵심이라면, 예수님 시대의 대다수 환자가 치유받지 못했고 치유된 이들 때문에 그렇지 못한 이들만 더 비참해졌다는 냉소주의자가 되고 만다. 여기서 중요한 것은 병자의 치유가 아니라 예수님의 마음을 움직여 그들을 치유하시게 한 깊은 긍휼이다.

✝
## 우리의 기도


주님, 세상을 심판하러 오신 게 아니라
구원하러 오셨음을 압니다.
주님을 저버리고 주님의 말씀을 받지 않는 사람에게
심판이 주어진다고 하셨습니다.
우리가 마지막 날에 주와 함께 있기를 소망합니다.
임마누엘의 주님, 당신의 긍휼하심을 입는
사순절 되게 하소서.
심판의 날, 주님의 편에 서서 구원받게 하소서.
예수님의 이름으로 기도드립니다. 아멘.

**Day 30**

# 하나님의 말씀을
# 들으라

◊

너희가 인자를 든 후에 내가 그인 줄을 알고 또 내가 스스로 아무것도 하지 아니하고 오직 아버지께서 가르치신 대로 이런 것을 말하는 줄도 알리라 나를 보내신 이가 나와 함께하시도다 나는 항상 그가 기뻐하시는 일을 행하므로 나를 혼자 두지 아니하셨느니라(요 8:28-29).

예수님의 전체 사역의 지향점은 자신이 아니라 자신을 보내신 아버지였다. 제자들에게 그분은 "내가 너희에게 이르는 말은 스스로 하는 것이 아니라 아버지께서 내 안에 계셔서 그의 일을 하시는 것이라"(요 14:10)라고 말씀하셨다. 예수님은 육신을 입으신 하나님의 말씀이었다. 그분이 말씀하신 목적은 자신에게 주목을 끌기 위해서가 아니라 아버지께로 가는 길을 보여 주시기 위해서였다. "내가 아버지에게서 나와 세상에 왔고 다시 세상을 떠나 아버지께로 가노라"(요 16:28). "내가 너희를 위하여 거처를 예비하러 가노니 … 나 있는 곳에 너희도 있게 하리라"(요 14:2-3). 우리도 예수님의 이름으로 사역하려면 사역의 지향점이 우리의 말이 아니라 하나님의 형언할 수 없는 신비여야 한다.

과연 성경 말씀이 우리를 하나님의 침묵 속으로 인도해야 하는 게 참이라면, 우리는 말씀을 신중히 다루어야 한다. 재미나 감동만 찾을 게 아니라 그 말씀으로 울타리를 둘러, 그 안에서 사랑과 보호와 온유로 충만한 하나님의 임재를 경험할 수 있어야 한다.

예수님은 "우리가 다른 가까운 마을로 가자. 거기서도 전도하리니 내가 이를 위하여 왔노라"고 말씀하셨다. 그분이 주변의 가까운 마을에서 하신 말씀은 아버지와의 친밀한 관계 속에서 태동했다. 그것은 위로와 책망의 말씀, 소망과 경고의 말씀, 연합과 분열의 말씀이었다. 그분이 과감히 이런 도전의 말씀을 하신 것은 자신의 영광을 구하지 않으셨기 때문이다. "내가 내게 영광을 돌리면 내 영광이 아무것도 아니거니와 내게 영광을 돌리시는 이는 내 아버지시니 곧 너희가 너희 하나님이라 칭하는 그이시라 너희는 그를 알지 못하되"(요 8:54-55). 불과 몇 년 만에 그분은 자신의 말씀 때문에 배척과 죽임을 당하셨다.

예수님은 받으신 고난으로 순종을 배우셨다. 많은 고통과 씨름에 동참하시는 과정에서 하나님의 말씀을 더 온전히 들으셨다는 뜻이다. 고난을 통해 그분은 하나님을 알아 가셨고 부르심에 응하셨다. 빈민과 함께한다는 의미가 이보다 더 잘 압축되어 있는 말씀은 없을 것이다. 빈민의 고난 속으로 들어가는 것은 하나님께 순종하는 길, 즉 그분의 말씀을 듣는 길이다. 사랑으로 고난을 받아들여 함께 나누면 우리의 이기적 방벽이 허물어져 막힘없이 하나님의 인도에 따를 수 있다.

하나님에게서 기원하지 않은 실재란 존재하지 않는다. 그것이 성 프란치스코의 대발견이었다. 그는 온 세상이 하나님의 손에 붙들려 있음을 퍼뜩 깨닫고는 왜 그분이 세상을 붙잡고 계시는지 의아했다. 아우구스티누스, 아빌라의 테레사, 요한 마리아 비안네 등 모든 성인이 성인인 까닭은 바로 그들에게 존재의 질서가 전복되었기 때문이다. 하나님을 떠나서는 아무것도 존재하며 호흡하며 기동하며 살지 못함을 그들은 마음으로 보고 느끼고, 무엇보다 알았다.

✝

## 우리의 기도

주 예수 그리스도시여,
아버지의 뜻은
주님을 보고 믿는 자마다 영생을 얻는 것이고,
마지막 날에 주님이 그 사람을 다시 살리시는 것입니다.
이를 제가 믿습니다.
주의 말씀을 삶의 울타리로 삼아
평안과 안식과 쉼을 누리게 하소서.
예수님의 이름으로 기도드립니다. 아멘.

**Day  31**

세상에 보냄받은
우리

◊

너희가 내 말에 거하면 참으로 내 제자가 되고 진리를 알지
니 진리가 너희를 자유롭게 하리라(요 8:31-32).

예수님이 우리처럼 되신 것은 우리를 그분처럼 되게 하시기 위해서다. 하나님과 동등하신 그분이 거기에 집착하지 않고 자신을 비워 우리처럼 되신 것은 우리를 그분처럼 되게 하여 그 신성한 삶에 동참하게 하시기 위해서다.

우리 삶의 이런 근본적 변화는 곧 성령의 사역이다. 제자들은 예수님이 뜻하신 바를 거의 깨닫지 못했다. 예수님이 육체로 그들 중에 거하시는 한 그들은 성령을 통한 그분의 온전한 임재를 아직 맛볼 수 없었다. 그래서 예수님은 이렇게 말씀하신 것이다. "내가 떠나가는 것이 너희에게 유익이라 내가 떠나가지 아니하면 보혜사[성령]가 너희에게로 오시지 아니할 것이요 가면 내가 그를 너희에게로 보내리니"(요 16:7).

예수님이 성령을 보내신 목적은 우리를 신성한 삶의 충만한 진리로 인도하시기 위해서다. 진리란 어떤 사상이나 개념이나 교리가 아니라 참된 관계를 뜻한다. 진리로 인도된다는 것은 예수님과 아버지의 바로 그 관계 속으로 인도되는 것이요 신성한 약혼에 들어서는 것이다.

그래서 오순절은 예수님 사명의 완성이다. 그분이 다 이루신 사역이 오순절 날 눈에 보이게 나타났다. 성령이 제자들 위에 내려와 그들과 함께 거하시자 그들의 삶은 그리스도와 같은 삶으로 변화되었다. 그 삶을 빚어낸 것은 성부와 성자 사이에 존재하는 바로 그 사랑이다. 사실 영적 삶이란 곧 하나님의 삶이며, 그분이 우리를 들어 올려 거기에 동참하게 하신다.

그러나 우리가 성부와 성자와 성령의 삶 속으로 들어 올려진다고 해서 세상을 벗어난다는 뜻은 아니다. 오히려 영적 삶에 들어선 어들이야말로 예수님이 시작하신 일을 지속하여 완수하라고 세상에 보냄 받은 존재다. 영적 삶은 우리를 세상에서 데려가는 게 아니라 반대로 세상 속으로 더 깊이 들여보낸다. 예수님이 아버지께 하신 말씀과 같다. "아버지께서 나를 세상에 보내신 것같이 나도 그들을 세상에 보내었고"(요 17:18). 그분이 분명히 밝히셨듯이 제자들이 세상에서 예수님처럼 살 수 있음은 바로 그들이 더는 세상에 속한 존재가 아니기 때문이다.

그러므로 성령(예수님의 영) 안에서 산다는 것은 그분이 아버지께 순종하며 사신 것처럼 우리도 아버지와의 관계 속에서 그분의 지상 강림 – 성육신과 죽음과 부활 – 을 계속 뒤이어 산다는 뜻이다. 그분이 아들이셨듯이 우리도 하나님의 자녀가 되어 그분의 사역을 연장한다는 뜻이다.

구스타보 구티에레스에 따르면 내면생활이란 내성(內省)을 통해 도달하는 심리 상태가 아니라 바울이 말한 의미대로 율법의 구속력에서 해방된 삶이며, 자유롭게 사랑할 수 있는 삶이다. 그래서 영적 삶은 참된 자유의 장이다. 외부의 강요와 강압에서 벗어나 하나님의 사랑이신 성령을 유일한 길잡이로 삼을 수 있다면, 우리는 참으로 자유로운 영적 내면생활을 누릴 수 있다.

## ✝ 우리의 기도

사랑하는 주님, 주님은 진리이십니다.
저도 진리 가운데 살려면
뿌리를 늘 주님께 두어야 하지요.
주님, 진실하게 살도록 도와주소서.
인기나 여론이나 최신 유행을 따라 살지 않고
주님을 아는 지식을 따라 살게 하소서.
진리를 붙들기가 힘들고
고통스러울 때도 있을 것입니다.

압제와 박해와 죽음에 이를 수도 있겠지요.

행여 그런 때가 닥치거든,

주님, 저와 함께하소서.

진리를 붙든다는 게

곧 주님을 붙든다는 뜻이고,

사랑과 진리는 결코 분리될 수 없으며,

진실하게 살려면

사랑의 관계에 충실해야 한다는 것을

체험하게 하소서.

주님, 저를 늘 주님께로

더 가까이 이끌어 주소서.

예수님의 이름으로 기도드립니다. 아멘.

**Day 32**

# 교회는
# 주님의 몸이다

◊

진실로 진실로 너희에게 이르노니 사람이 내 말을 지키면
영원히 죽음을 보지 아니하리라(요 8:51).

❧

우리는 탐심과 정욕, 폭력과 복수, 증오와 파괴 등 세상의 갖가지 유혹에 취약하다. 그 악한 세력으로부터 자유롭지 못하다. 그러므로 우리 마음과 생각이 예수님을 향하도록 서로 도와야 하며, 그래야 그분이 오실 때 그분을 알아보고 능히 그분 앞에 담대히 설 수 있다(눅 21:36 참조). 그분의 말씀에 닻을 내리도록 자신과 서로를 살펴야 한다. "천지는 없어지겠으나 내 말은 없어지지 아니하"기 때문이다(눅 21:33). 우리의 소망은 육신이 되어 우리 가운데 거하신 그 영원한 말씀에 있다.

❧

우리는 예수님의 제자로 부름 받았다. 중요한 것은 하나님의 사랑의 음성에 늘 귀 기울이는 것이다. 그 음성은 우리를 불러 마음으로 주의 깊게 듣고 순종하게 한다.

더 시급해 보이는 일들로 어떻게든 우리 마음을 산만하게 하고 주의를 끌려 하는 이 세상에서 어떻게 그 음성에 계속 귀 기울일 수 있을까? 교회에 귀 기울여야 한다. 교회가 예수님께로 가는 '길'은커녕 오히려 그 길의 '장애물'로 보이는 시대와 나라에서 이것이 달가운 충고가 아님을 나도 안다. 그럼에도 우리 시대에 영적으로 가장 큰 위험은 예수님과 교회를 분리시키는 일이라고 나는 확신한다. 교회는 주님의 몸이다. 예수님 없이는 교회도 있을 수 없고, 교회가 없이는 우리가 예수님께 연합해 있을 수 없다. 교회를 떠남으로 예수님과 더 가까워졌다는 사람을 나는 아직 만나 보지 못했다. 교회에 귀 기울인다는 것은 교회의 주님께 귀 기울인다는 뜻이다. 특히 여기에는 대림절, 크리스마스, 사순절, 부활절, 성령 강림절 등 신앙 절기에 따른 교회 생활에 참여한다는 뜻이 들어 있다. 이런 절기와 축일을 통해 우리는 예수님을 더 깊이 알 수 있고, 교회 안에서 주시는 하나님의 생명과 더 긴밀하게 연합할 수 있다.

성찬식은 교회 생활의 핵심이다. 생명을 주시는 복음을 듣는 곳도 성찬식이고, 우리 안의 그 생명을 유지시켜 줄 은사를 받는 곳도 성찬식이다. 교회에 계속 귀 기울일 수 있는 가장 확실한 길은 꾸준히 성찬식에 참여하는 것이다.

✝

## 우리의 기도

오 하나님, 믿음이 없이는
주님을 받아들이지 못합니다.
주님께 나아오는 자는
반드시 주님이 계신 것과
주님을 찾는 이들에게
상 주시는 것을 믿습니다.
이 시대의 교회가
때론 답답하게 느껴질 때도 있으나
주께서 교회를 통해
긴밀한 연합을 이루심을 믿게 하소서.
교회를 사랑하고
믿음으로 세우는 성도 되게 하소서.
예수님의 이름으로 기도드립니다. 아멘.

**Day 33**

# 그분으로 인해
# 우리가 나음을 입다

◊

내가 아버지로 말미암아 여러 가지 선한 일로 너희에게 보
였거늘 그중에 어떤 일로 나를 돌로 치려 하느냐(요 10:32).

예수님은 목자 없는 양과 같이 고생하며 기진한 무리를 보시고 존재의 심연으로부터 가슴 아파하셨다(마 9:36). 사방에서 데려오는 시각 장애인과 청각 장애인과 지체 장애인을 보시고 떨리는 마음으로 그들의 고통에 동참하셨다(마 14:14). 며칠씩 그분을 따르느라 지치고 주린 인파를 바라보시며 그들을 불쌍히 여긴다고 말씀하셨다(막 8:2). 그분을 따라오며 부른 두 맹인(마 9:27), 그분 앞에 무릎 꿇은 나환자(막 1:41), 독자를 장사지내는 나인 성의 과부(눅 7:13)에게도 똑같이 하셨다. 그들이 그분의 마음을 움직였고, 그분은 그들의 사무친 슬픔을 속속들이 민감하게 느끼셨다.

예수님은 상한 자와 함께 상하시고 주린 자와 함께 주리시고 아픈 자와 함께 아프셨다. 완전한 감수성으로 모든 고난을 체감하신 것이다. 이것이 우리에게 계시해 주는 커다란 신비가 있다. 하나님의 아들로서 죄가 없으신 예수님이 철저히 자원해서 우리의 고통을 온전히 당하셨고, 이로써 인간 감정의 본색을 알려 주셨다는 것이다. 그분에게서 우리는 우리의 본모습을 보고 경험한다. 신인 그분이 우리의 망가진 인성(창 3:14-19)을 살아 내시되 저주가 아니라 복으로서 살아 내셨다. 이 신성한 긍휼 덕분에 우리는 죄인인 자아를 직시할 수 있다. 그 긍휼이 망가진 인간 조건을 절망의 원인에서 희망의 불씨로 바꾸어 놓기 때문이다.

～

예수님의 모든 행동과 말씀과 체험은 우리가 가장 갈망하는 사랑을 하나님이 이미 주셨다는 사실을 우리에게 보이시기 위한 것이다. 그것은 우리에게 자격이 있어서가 아니라 하나님이 사랑의 하나님이시기 때문이다.

예수님은 오셔서 하나님의 그 사랑을 보여 주시고 우리에게 베푸셨다. 니고데모와 대화할 때 그분은 "하나님이 세상을 이처럼 사랑하사 독생자를 주셨으니 … 하나님이 그 아들을 세상에 보내신 것은 세상을 심판하려 하심이 아니요 그로 말미암아 세상이 구원을 받게 하려 하심이라"라고 말씀하셨다. 성육신의 의미가 이 말씀에 압축되어 있다. 인간이 인정받지 못해 불안해하다 폭력에 빠지는 것은 하나님의 사랑을 믿지 못하기 때문이다. 바로 그것을 깨우쳐 주시려고 하나님은 인간이 되셨다. 우리와 함께하시는 하나님이 되신 것이다. 우리를 향한 하나님의 무조건적 사랑을 굳게 믿는다면 더는 사람들에게 칭찬받으려고 늘 애태울 필요가 없다. 하나님이 값없이 그토록 풍성하게 주시려는 것을 사람들에게서 강제로 얻어 낼 필요는 더욱 없다.

✝

# 우리의 기도

주 예수 그리스도시여,

주님은 우리를 위해 고난당하시고

우리에게 본을 보이셔서

그 자취를 따라오게 하셨습니다.

주님은 죄를 범하지 않으셨고

그 입에 거짓도 없으셨지요.

욕을 당하시되 맞대어 욕하지 않으셨고,

고난당하실 때도 위협하신 게 아니라

공의로 심판하시는 분께 자신을 부탁하셨습니다.

주께서 십자가에서 그 몸으로

우리 죄를 담당하셨기에

이제 우리는 죄에 대하여 죽고

의에 대하여 살 수 있습니다.

주님이 채찍에 맞으심으로

우리가 나음을 얻었습니다.

그 주님의 발자취를 따르겠습니다.

예수님의 이름으로 기도드립니다. 아멘.

**Day 34**

## 하나님의 손에
## 붙들린 인생

◊

내가 그들과 화평의 언약을 세워서 영원한 언약이 되게 하
고 또 그들을 견고하고 번성하게 하며 내 성소를 그 가운데
에 세워서 영원히 이르게 하리니 내 처소가 그들 가운데에
있을 것이며 나는 그들의 하나님이 되고 그들은 내 백성이
되리라(겔 37:26-27).

인간의 머리로는 하나님을 알거나 이해할 수 없다. 진리는 인간의 역량을 벗어난다. 진리에 가까워지는 유일한 길은 인간의 유한한 재주로는 진리를 얻거나 붙잡을 수 없음을 늘 강조하는 것이다. 우리는 하나님을 설명할 수 없으며, 역사 속에 계신 그분의 임재도 불가사의다. 하나님을 특정한 사건이나 상황과 동일시하는 순간 우리는 하나님 행세를 하며 진리를 왜곡하는 것이다.

진리에 충실하려면 하나님이 우리를 버리신 게 아니라 삶의 모든 불가해한 부조리 속에서 우리를 부르신다는 사실을 긍정해야만 한다. 그 점을 명심하는 게 매우 중요하다. 나만 하더라도 하나님이 역사하시는 곳과 그렇지 않은 곳, 그분이 임재하시는 때와 그렇지 않은 때를 아는 척하려는 크고 작은 유혹을 느낀다. 혼자서만 아니라 남에게까지 말이다. 하지만 하나님에 대한 '특별한' 지식은 누구에게도 없으며, 그 어느 그리스도인과 사제와 수도사도 예외가 아니다. 하나님을 인간의 관념이나 예측 속에 가둘 수는 없다. 그분은 우리의 생각과 마음보다 크시며, 전적으로 자유롭게 자신이 원하실 때 원하시는 곳에서 자신을 드러내신다.

아무리 우리가 눈을 질끈 감고 양손을 꽉 맞쥐어도 하나님은 자신이 말씀하고 싶으실 때만 말씀하신다. 그것을 알고 나면 우리가 자꾸 재촉하며 밀치락달치락하는 게 사뭇 우스워진다. 때로 우리는 자기가 눈만 감으면 세상을 펑 사라지게 할 수 있다고 생각하는 어린아이처럼 행동한다.

우리 쪽에서 각방으로 하나님께 멍석을 깔아 드려도 주도권은 여전히 그분께 있다. 다만 우리에게 소망의 근거로 주어진 약속이 있으니 곧 그분이 변함없이 우리를 사랑하신다는 약속이다. 그래서 우리는 마땅히 기대감을 품고 기다리며 살아갈 수 있다. 웃으며 끈질기게 기다리는 것이다. 그러다 그분이 오시면 정말 기쁨과 감사에 겨워 깜짝 놀랄 것이다.

✝

## 우리의 기도

오 하나님, 주께서 우리 조상과 더불어 맺으신
언약의 자손 삼아 주심에 감사합니다.
아브라함에게 이르시기를
"땅 위의 모든 족속이 너의 씨로 말미암아
복을 받으리라" 하셨지요.
또 우리를 위해 그 종 예수님을 세우시고
그분을 보내 우리에게 복 주신 하나님만 따르게 하소서.
삶의 주도권이 주님 손에 있사오니
그 손에 붙들린 인생 되게 하소서.
예수님의 이름으로 기도드립니다. 아멘.

사순절 시작:
재의 수요일

**내려가는 길**

사순절 셋째 주
**주의 세미한 음성을
들으며**

사순절 첫째 주
**아버지의 뜻을 따라**

사순절 둘째 주

**섬기시는 하나님**

사순절 넷째 주

고통을 통과한 영광

사순절 다섯째 주

하나님의 눈먼 사랑

사순절 여섯째 주 : 고난주간

# 십자가의 길

부활주일

죽음에서 생명으로

# 나귀를 타신
# 그리스도

◊

제자들이 가서 예수께서 명하신 대로 하여 나귀와 나귀 새
끼를 끌고 와서 자기들의 겉옷을 그 위에 얹으매 예수께서
그 위에 타시니 무리의 대다수는 그들의 겉옷을 길에 펴고
다른 이들은 나뭇가지를 베어 길에 펴고 앞에서 가고 뒤에
서 따르는 무리가 소리 높여 이르되 호산나 다윗의 자손이
여 찬송하리로다 주의 이름으로 오시는 이여 가장 높은 곳
에서 호산나 하더라(마 21:6-9).

프라이부르크(Freiburg)의 아우구스티너 박물관(Augustiner Museum)에 있는 "나귀 타신 그리스도"는 내가 아는 가장 감동적인 그리스도상 중 하나다.

나는 종려주일 나귀에 앉으신 그리스도와 함께 한동안 조용한 시간을 보냈다. 14세기에 제작된 이 조각은 본래 라인 강변 브라이자흐 인근의 작은 마을 니데로트바일(Niederrotweil)에서 온 것이다. 종려주일 행진 때 이것을 수레에 올려 끌도록 돼 있었다.

치켜든 이마, 생각에 잠긴 듯한 눈빛, 긴 머리칼, 끝이 갈라진 뭉툭한 턱수염 등 전체적으로 길고 갸름한 그리스도의 얼굴에 그분의 신비로운 고난이 스며 있어 나는 그 앞에서 말을 잃는다. 나귀를 타신 예수님은 "나뭇가지를 베어 길에 펴고 … 호산나"를 외치는 무리에 둘러싸여 예루살렘에 입성하고 계시지만(마 21:8) 생각은 완전히 다른 데 몰두하신 듯 보인다. 그분은 흥분한 무리를 보지 않으시고 손도 흔들지 않으신다. 모든 소음과 소동 너머로 머잖아 닥쳐올 일을 내다보신다. 배반과 고문과 십자가와 죽음으로 이어질 고뇌의 여정을 보신다. 허공을 응시하시는 그분의 눈에는 주위의 누구도 보지 못하는 것이 보이고, 그분의 치켜든 이마에는 누구도 헤아릴 수 없는 임박한 사태에 대한 예지가 묻어난다. 애수가 있지만 평온한 수용도 함께 있다. 인간의 변덕스러운 마음을 꿰뚫어 보시지만 넘치는 긍휼도 함께 있다. 장차 당하실 말 못할 고통을 익히 아시지만 하나님의 뜻을 행하려는 굳은 결의도 함께 있다. 무엇보다 사랑이 있다. 하나님과의 끊을 수 없는 친밀함에서 태동해 과거와 현재와 미래의 온 세상 모든 이에게 미치는 끝없이 깊고 한없이 넓은 사랑이다. 그분이 온전히 알지 못하시는 것은 하나도 없고, 그분이 온전히 사랑하지 않으시는 사람은 아무도 없다.

이 나귀 타신 그리스도를 볼 때마다 나는 그분이 내 모든 죄와 허물과 수치를 보고 계시며 모든 용서와 자비와 긍휼로 나를 사랑하고 계심을 다시금 깨닫는다. 아우구스티너 박물관에서 그분과 함께 있는 것만으로도 그 자체가 기도다. 나는 보고 또 보고 다시 본다. 그분이 내 마음의 심연을 보고 계심을 알지만 두려워할 필요가 없다.

❧

기쁨과 슬픔은 동시에 태어난다. 양쪽 다 마음속 아주 깊은 데서 솟아나기 때문에 그 복합적인 감정을 말로 형용할 수 없다. 삶 전체에 죽음이 조금씩 스치는 이 내밀한 경험은 우리의 유한한 실존 너머를 가리켜 보일 수 있다. 우리 마음에 완전한 기쁨이 가득 차오를 그날을 내다보며 사모하게 하는 것이다. 그날에는 아무도 우리의 기쁨을 앗아갈 수 없다. 그래서 지금 나는 그 사모하는 마음에 잠긴다. 처음에는 인내가 필요하지만 점차 그 자체가 기쁨으로 변한다.

✝

## 우리의 기도

전능하신 하나님,
오늘 우리는 승리하신 그리스도를 경배합니다.
찬송을 부르며 주님을 따라 거룩한 도성에 들어갑니다.
영원히 하나님과 함께 사시며
다스리시는 그리스도로 말미암아
우리도 하늘의 예루살렘에 들어가게 하소서.
예수님의 이름으로 기도드립니다. 아멘.

**Day 35**

# 예수와 함께
# 걷는 길

◊

가난한 자들은 항상 너희와 함께 있거니와 나는 항상 있지
아니하리라(요 12:8).

작은 자들과 작은 기쁨과 작은 슬픔을 택하는 것 그리고 하나님이 바로 거기로 다가오심을 믿는 것, 그것이 예수님의 험한 길이다. 나는 늘 예수님의 길을 세상이 보기에 명예로운 길로 반전시키려 한다. 늘 작은 길이 큰 길로 바뀌기를 원한다. 하지만 세상이 피하려는 곳들로 다니시는 그분의 행로를 우리가 성공담으로 둔갑시킬 수는 없다.

가난한 자리에 닿았다고 생각될 때마다 우리는 그곳 너머에 더 큰 가난이 있음을 알게 된다. 부와 재물과 성공과 인기와 명예로 되돌아갈 길은 정말 없다. 물리적 빈곤 너머에 정신적 빈곤이 있고, 정신적 빈곤 너머에 영적 빈곤이 있으며, 그 너머에는 어린 아이처럼 하나님의 자비에 의지하는 것 말고는 아무것도 없다.

그 길을 우리 혼자서는 걸을 수 없다. 자비밖에 의지할 게 없는 그곳으로 가려면 예수님과 동행해야만 한다. 바로 거기서 예수님은 "나의 하나님, 나의 하나님 어찌하여 나를 버리셨나이까"라고 부르짖으셨다. 아울러 그분이 새 생명으로 부활하신 곳도 거기다.

예수님의 길은 그분과 함께만 걸을 수 있다. 나 혼자 가려하면 그것이 영웅주의의 반대 비슷하게 변하는데, 이 또한 영웅

주의만큼이나 변덕스럽다. 하나님의 아들 예수님만이 전적인 순종과 자비의 자리인 그곳으로 가실 수 있다. 우리의 독자적 행보에 대해 그분은 "나를 떠나서는 너희가 아무것도 할 수 없음이라"라고 경고하신다. 반면 "그가 내 안에, 내가 그 안에 거하면 사람이 열매를 많이 맺나니"라고 약속하신다(요 15:5).

기도 없는 행동에 왜 그토록 열매가 없는지 이제야 밝히 알겠다. 기도를 통해서만 우리는 예수님과 긴밀하게 연결되고 힘을 얻어 그분의 길에 합류할 수 있다.

∽

그러므로 기도와 행동을 절대 상충되는 것이나 상호 배타적인 것으로 보아서는 안 된다. 행동 없는 기도는 무력한 경건주의로 변질되고, 기도 없는 행동은 의뭉스러운 조작으로 전락한다. 기도가 우리를 긍휼이 풍성하신 그리스도와의 더 깊은 연합으로 이끌진대 그것은 늘 구체적 섬김의 행위를 낳게 마련이다. 마찬가지로 구체적 섬김의 행위가 진정 우리를 가난한 자, 주린 자, 병든 자, 죽어 가는 자, 눌린 자와의 더 깊은 연대로 이끌진대 그것은 늘 기도로 이어지게 마련이다. 우리는 기도를 통해 그리스도를 만나고 그분 안에서 인간의 모든 고난을 접한다. 또한 섬김을 통해 사람들을 만나고 그들 안에서 고난의 그리스도를 대면

한다.

고난당하는 이들을 위해 그들과 함께 행동하는 것이야말로 긍휼을 구체적으로 표현하는 삶이자 그리스도인다운 모습의 최종 기준이다. 이런 행위는 기도하고 예배하는 순간과 별개로 존재하는 게 아니라 그 자체가 그런 순간이다. 신성을 고수하지 않고 우리처럼 되신 예수 그리스도를 만나려면 빈민, 주린 자, 소외층, 헐벗은 자, 환자, 재소자가 있는 곳으로 가야 한다. 성령을 우리 삶의 길잡이로 삼아 늘 그리스도와 대화하며 살아야만 가난하고 눌리고 짓밟힌 자 안에서 그분을 알아볼 수 있고, 그분이 어디서 자신을 드러내시든 그분의 부르짖음을 듣고 반응할 수 있다.

이렇듯 예배는 사역이 되고 사역은 예배가 된다. 우리가 말하거나 행동하거나 구하거나 베푸는 모든 것이 생명의 길이 되고, 그 길에서 하나님의 긍휼이 드러난다.

# ✝
## 우리의 기도

여호와여, 일어나소서.

하나님이여, 손을 드소서.

가난한 자들을 잊지 마소서.

주께서는 보셨나이다. 주는 재앙과 원한을 감찰하시고

주의 손으로 갚으려 하십니다.

여호와여, 주는 겸손한 자의 소원을 들으셨사오니

그들의 마음을 준비하시며 귀를 기울여 들으소서.

예수와 함께 그 좁은길을 걷게 하소서.

혼자 힘으로는 불가능하오니 주와 함께 걷게 하소서.

예수님의 이름으로 기도드립니다. 아멘.

**Day 36**

넘겨지시다

◊
예수께서 … 심령이 괴로워 증언하여 이르시되 내가 진실
로 진실로 너희에게 이르노니 너희 중 하나가 나를 팔리라
하시니(요 13:21).

예수님은 제자들과 함께 식탁에 앉아 말씀하신다. "너희 중 하나가 나를 팔리라"(요 13:21).

예수님의 말씀을 그리스어 원어로 더 자세히 살펴보면 "너희 중 하나가 나를 넘겨주리라"가 된다. 단어 "파라디도 미"(paradidomi)는 "넘겨주다, 건네 주다, 남의 손에 넣어 주다"라 는 뜻으로, 유다의 행동만 아니라 하나님의 행동도 표현해 주는 중요한 단어다. 바울은 "자기 아들을 아끼지 아니하시고 우리 모 든 사람을 위하여 내주신(넘겨주신) 이"(롬 8:32)라고 썼다.

유다의 행동을 "팔다, 배반하다"로 번역해 유다에게만 국한 하면 신비가 온전히 표현되지 못한다. 유다가 하나님의 도구로 묘사되어 있으니 말이다. 그래서 예수님은 "인자는 자기에 대해 기록된 대로 가거니와 인자를 파는(넘겨주는) 그 사람에게는 화가 있으리로다"(마 26:24)라고 말씀하셨다.

그분을 제멋대로 다룰 자들에게 예수님이 넘겨지시는 이 순 간이야말로 그분 사역의 전환점이다. 여기서부터 능동이 수동 으로 전환된다. 수년간 가르치고 전파하고 치유하며 어디든 원 하시는 대로 다니시던 그분이 이제 원수들의 변덕스러운 재량에 넘겨지신다. 이제 더는 그분이 행동하시는 게 아니라 그분께 행동이 가해진다.

그분은 채찍질당하고 머리에 가시관이 씌워진다. 침 뱉음과 조롱과 옷 벗김을 당하시고, 그렇게 벌거벗은 몸으로 십자가에 못 박히신다. 그분은 다른 이들의 행동에 맡겨진 수동적 희생자다. 예수께서 넘겨지시는 순간부터 그분의 수난이 시작되고, 이 수난을 통해 그분은 소명을 이루신다. 예수님은 자신의 행동을 통해서가 아니라 자신에게 가해지는 행동을 통해 소명을 이루신다. 그것을 깨닫는 것이 중요하다.

다른 모든 사람과 마찬가지로 내 삶을 결정짓는 것도 대부분 외부에서 가해지는 행동, 즉 수동적 요소다. 그러다 보니 나 자신의 생각이나 말이나 행동을 통해 결정되는 쪽은 삶의 작은 부분에 지나지 않는다. 그런데 나는 여기에 저항해 전부가 능동이기를, 즉 내 쪽에서 주도하는 행동이기를 바라는 성향이 있다. 하지만 사실은 내 삶의 훨씬 많은 부분이 능동적 요소가 아니라 수동적 요소다. 이것을 인정하지 않는다면 나 자신을 속이는 것이고, 수동적인 나까지도 사랑으로 끌어안지 않는다면 자신을 거부하는 것이다.

예수님은 수동적 수난에 넘겨져 그 수난을 통해 이 땅에서 자신의 거룩한 사명을 이루셨다. 알고 보면 이것은 기쁜 소식이다. 완전해지려고 죽자 살자 애쓰는 세상에게 기쁜 소식이다.

예수님의 길을 따르려면 우리도 그분처럼 능동에서 수동으로 전환해야 한다. 베드로에게 주신 그분의 말씀이 내게 그것을 일깨워 준다. "네가 젊어서는 스스로 띠 띠고 원하는 곳으로 다녔거니와 늙어서는 네 팔을 벌리리니 남이 네게 띠 띠우고 원하지 아니하는 곳으로 데려가리라"(요 21:18).

나 역시 "넘겨져야" 하리라. 그리하여 내 소명을 이루어야 하리라.

<br>

✝

## 우리의 기도

<br>

주께서 우리를 위하시면
그 무엇도 우리를 대적할 수 없습니다.
사랑하는 아들을 아끼지 않고 인류를 위해 내어 주신 주님이
어련히 그 아들과 함께 모든 것을 우리에게 주심을 믿습니다.
그리스도 예수께서 죽으심에서 그치지 않고
다시 살아나셔서 하나님의 우편에 계심을 압니다.
그분이 우리를 위해 아버지께 간구하고 계심을 압니다.
그리스도의 십자가와 부활, 승천을 믿습니다.
예수님의 이름으로 기도드립니다. 아멘.

**Day 37**

긍휼의 눈으로
우리를 바라보시다

◊

성안 아무에게 가서 이르되 선생님 말씀이 내 때가 가까이
왔으니 내 제자들과 함께 유월절을 네 집에서 지키겠다 하
시더라 하라 하시니 제자들이 예수께서 시키신 대로 하여
유월절을 준비하였더라(마 26:18-19).

우리는 사랑을 찾아 이곳저곳을 기웃거린다. 죄인이기 때문에 우리의 어둡고 은밀한 구석까지 쓰다듬어 줄 사랑을 기대하며 찾는다. 그렇다면 진정한 사랑을 어디에서 발견할 수 있을까? 사람에게서는 그런 사랑을 발견할 수 없다. 오직 주님만 보이실 수 있는 사랑이다. 주님은 죄로 인해 주리고 헐벗은 우리에게 양식과 음료를 주시고, 그 누구보다 친밀하고 가깝게 대하시며 안전을 약속하신다.

주님의 사랑은 말과 생각에 그치는 막연한 것이 아니다. 주님은 스스로 가장 낮은 모습으로 세상에 오셔서 우리의 연약함과 필요를 잘 아신다. 우리의 마음을 누구보다 잘 아시기에 더 깊이 사랑하신다. 전 존재를 통해 우리를 사랑한다고 표현하신다. 주님의 사랑은 우리의 모든 감각 기관에 와닿는 사랑이다. 어머니가 아기를 보듬듯이, 아버지가 아이를 큰 팔로 안아 주듯, 형이 어린 동생을 보살피는 것과 같은 사랑을 표현하신다.

이제 눈을 들어 주님의 얼굴을 바라보고 그분의 눈을 마주

친다. 그분의 눈은 하나님의 영원한 신비와 영광을 꿰뚫어 보신다. 주님은 그 눈빛으로 시몬과 안드레, 나다나엘과 레위, 혈루증 여인과 나인 성 과부와 맹인, 부자와 나환자, 배고픈 무리를 바라보셨다. 근심하며 돌아간 부자 청년과 두려움에 호반의 제자들과 슬픔에 잠긴 무덤가의 여인들을 보셨다. 주님은 단 한 번의 시선으로 하나님의 다함없는 사랑을 보이시고, 그 사랑을 믿지 못해 목자 없는 양처럼 산 모든 사람의 끝이 없는 고뇌를 보셨다.

주님의 눈을 보고 있노라면, 존재의 심연을 불꽃처럼 보시는 시선에 두렵기도 하지만, 정화와 치유를 경험하기도 한다. 이는 큰 위로가 된다. 매섭지만 자애롭고, 들추어내지만 감싸 주고, 예리하지만 다정한 그윽하고도 친밀한, 거리가 느껴지지만 끌어들이는 눈빛이다.

주님의 그 눈이 지금도 우릴 바라본다. 그리고 그 눈빛을 간절히 원한다. 주님의 자상한 눈빛 아래 살면서 주님과 더 깊어지고 싶다. 그리고 우리의 눈이 점점 더 주님을 닮아 주님의 눈으로 세상을, 사람들을 보고 싶다. 사람들의 고난을 보고, 상한 마음을 치유하는 눈빛을 가지고 싶다.

✝

## 우리의 기도

사랑하는 주님,

주님을 배반할 사람이 누구인지

제자 베드로가 여쭈었지요.

유다를 지목하신 주님은

잠시 후 베드로도 지목하셨습니다.

주님을 배반한 유다는 목매어 죽었으나

주님을 부인한 베드로는

주께서 사도와 수제자로 삼으셨습니다.

주님, 제게 믿음을 주소서.

주님의 무한한 자비와 한없는 용서와

무궁한 선하심을 믿게 하소서.

행여나 유혹에 빠져,

제 죄가 너무 커서 용서받을 수 없고

너무 가증해서 주님의 자비가 임할 수 없다고

착각하지 않게 하소서.

결코 주님을 피해 달아나지 않고

매번 주께로 다시 돌아와

주님을 제 주님과 목자,

제 요새와 피난처로 삼게 하소서.

주님, 저를 주님의 날개 아래에 품으시고,

제가 계속 용서를 구하는 한

주께서 저를 버리지 않으심을 알게 하소서.

용서받지 못할 것만 같은 큰 죄들보다

주님의 용서를 의심하는 게

어쩌면 더 큰 죄인지도 모릅니다.

주님이 저를 더는 받아 주지 않으실 것 같다는

그 생각이야말로 저 자신을

너무 크고 중요하게 보기 때문인지도 모릅니다.

주님, 저를 바라봐 주시고,

베드로의 기도를 받아 주셨듯이

제 기도도 받아 주시며,

밤중에 주님을 피해 달아난

유다처럼 되지 않게 하소서.

주님, 이 고난 주간에 제게 복을 주시고

주님의 은혜를 베푸셔서

사랑 많으신 주님의 임재를 더 깊이 알게 하소서.

예수님의 이름으로 기도드립니다. 아멘.

# Day 38

## 주님 자신을
## 내어 주시다

◊

[예수께서] 겉옷을 벗고 수건을 가져다가 허리에 두르시고
이에 대야에 물을 떠서 제자들의 발을 씻으시고 그 두르신
수건으로 닦기를 시작하여 … [그들에게 이르시되] 내가 너희
에게 행한 것같이 너희도 행하게 하려 하여 본을 보였노라
(요 13:4-5, 15).

⁓

수난의 길에 들어서기 직전 그분은 제자들의 발을 씻으셨고 자신의 살과 피를 그들에게 양식과 음료로 주셨다. 이 두 행위는 서로 맞물려 있다. 둘 다 자신의 온전한 사랑을 우리에게 보이시려는 하나님의 결의가 표현된 것이다. 그래서 요한은 예수께서 제자들의 발을 씻으신 기사를 이런 말로 시작한다. "예수께서 … 세상에 있는 자기 사람들을 사랑하시되 끝까지 사랑하시니라"(요 13:1).

더 놀라운 것은 두 경우 다 예수께서 우리에게 똑같이 할 것을 명하신다는 점이다. 제자들의 발을 씻으신 후 그분은 "내가 너희에게 행한 것같이 너희도 행하게 하려 하여 본을 보였노라"(요 13:15)라고 말씀하셨고, 자신을 양식과 음료로 내어 주신 후에는 "너희가 이를 행하여 나를 기념하라"(눅 22:19)라고 말씀하셨다. 예수님은 우리를 불러 이 세상에 하나님의 완전한 사랑을 드러내시는 자신의 사명을 지속하게 하신다. 우리를 전폭적 희생으로 부르시는 것이다. 그분은 우리가 "내 몫"을 남겨 두기를 원하지 않으시며, 오히려 우리의 사랑도 그분의 사랑처럼 충만하고 철저하고 온전하기를 원하신다. 그분은 우리가 바닥까지 몸을 굽혀 가장 씻어야 할 곳을 서로 만져 줄 뿐 아니라 서로에게 "나를 먹고 마시세요"라고 말하기를 원하신다. 이렇게 온전히 서로의 양분이 되어 줌으로써 하나님의 사랑으로 연합한 한 몸, 한 영이 되기를 바라시는 것이다.

꙰

주님은 수많은 사랑의 말씀을 통해 그분의 마음을 정확하고 확실하게 표현하셨다. 우리를 얼마나 사랑하시는지 분명히 보여 주기 원하셨기 때문이다. 주님은 아버지께서 모든 것을 그분께 맡기신 것과 하나님께로부터 왔다가 하나님께로 다시 돌아가실 것을 아셨다. 그래서 제자들의 발을, 우리들의 발을 직접 닦아 주셨다.

주님은 "나는 네가 나와 함께 있어 내 삶에 온전히 동참하기를 원한다. 내가 아버지께 속해 있듯, 너도 내게 속하길 원한다. 너를 아주 깨끗하게 씻어 주고 싶다. 너와 내가 하나가 되어 네게 행한 대로 너도 남에게 행할 수 있다"라고 말씀하신다. 또 주님은 우리를 식탁으로 부르신다. 떡을 들어 축복하시고 떼어 주시며 "받아먹으라. 이것은 네게 주는 내 몸이라"고 말씀하신다. 잔을 들어 감사기도를 하신 후 "이것은 너를 위해 흘린 내 피, 곧 새 언약의 피다"라고 말씀하신다.

주님은 세상을 떠나 하나님 아버지께로 돌아가실 때가 이른 줄 아시고 온 사랑을 다 표현하셨다. 자신의 전 존재와 소유를 우리에게 주신 것이다. 주님의 심중에 우리를 향한 모든 사랑이 분명히 드러났다. 그런 주님을 다른 곳에서 찾을 수 있겠는가? 그런 사랑을 또 어디서 만날 수 있겠는가.

매번 성찬식을 행하며 예수님의 살과 피인 빵과 포도주를 받을 때마다 그분의 고난과 죽음은 우리를 위한 고난과 죽음이 된다. 수난이 긍휼로 변한다. 우리 것이 된다. 우리가 예수님 속으로 들어간다. 우리는 그분의 '몸'의 일부가 되며, 그 넘치는 긍휼로 말미암아 고독의 심연에서 벗어난다. 성찬식을 통해 우리는 가장 친밀한 방식으로 예수님께 속하게 된다. 그분이 우리를 위해 고난당하여 죽으시고 다시 사신 것은 우리가 그분과 함께 고난당하여 죽고 다시 살게 하시기 위해서다.

✝

## 우리의 기도

전능하시고 영원하신 하나님,

하나님이 사랑하시는 아들은

고난당하시기 전날 밤

영원한 새 언약의 희생을 교회에 부탁하셨고,

또 주님의 애찬을 제정하셨습니다.

이 신비로부터 우리가 생명과 사랑을 충만하게 받게 하소서.

예수 그리스도의 이름으로 기도드립니다. 아멘.

**Day 39**

소망의
십자가

◊

예수께서 신 포도주를 받으신 후에 이르시되 다 이루었다
하시고 머리를 숙이니 영혼이 떠나가시니라 … 그중 한 군
인이 창으로 옆구리를 찌르니 곧 피와 물이 나오더라 이를
본 자가 증언하였으니 그 증언이 참이라. 그가 자기의 말하
는 것이 참인 줄 알고 너희로 믿게 하려 함이니라. 이 일이
일어난 것은 … 성경을 응하게 하려 함이라 … 그들이 그
찌른 자를 보리라(요 19:30, 34-37).

성금요일은 십자가의 날이다. 고난의 날이자 소망의 날이고, 버림받으신 날이자 승리하신 날이고, 애통의 날이자 환희의 날이고, 종결의 날이자 시작의 날이다.

트로슬리 라르쉬에서 예배 시간에 토마스 신부와 질베르 신부가 제단 뒤편 벽에 걸려 있던 대형 십자가를 내려서 붙들고 있자, 온 공동체가 앞으로 나가 그리스도의 죽으신 몸에 입을 맞추었다. 400명도 더 되는 남녀 장애인과 봉사자와 친구가 모두 움직였는데, 처음이 아닌 듯 다들 아주 자연스러워 보였다. 그들은 자신을 위해 목숨을 버리신 그분께 사랑과 감사를 표현했다. 그들이 십자가 주위에 모여 예수님의 발과 이마에 입을 맞추는 동안 나는 눈을 감았다. 그러자 우리 지구별에서 두 팔을 벌리고 십자가에 달리신 그분의 신성한 몸이 보였다. 고금을 망라한 인류의 엄청난 고난도 함께 보였다. 서로 죽이는 사람들, 기아와 전염병으로 죽어 가는 사람들, 집에서 쫓겨난 사람들, 대도시의 거리에서 자는 사람들, 악착같이 서로 매달리는 사람들, 채찍질과 고문과 화형과 사지 절단을 당하는 사람들, 따뜻한 말과 다정한 편지와 위로의 포옹을 간절히 원하는 사람들, 이들 모두가 고뇌에 찬 목소리로 "나의 하나님, 나의 하나님 어찌하여 나를 버리셨나이까"라고 부르짖고 있었다.

　이 땅에서 벌거벗겨진 채 두 팔을 벌리고 찢기신 그리스도의 몸을 상상하노라니 내게 공포가 밀려왔다. 그런데 눈을 뜨자 몸이 아픈 자크가 보였다. 안면에 고난의 흔적을 지닌 그는 그분의 몸에 입을 맞출 때 눈시울이 벌겋게 젖어 있었다. 마이클의 등에 업힌 이반과 휠체어에 앉은 이디스도 보였다. 성한 사람과 절뚝이는 사람과 시각 장애인과 청각 장애인, 그들에게서 나는 예수님의 신성한 몸 주위에 모여드는 인류의 끝없는 행렬을 보았다. 그들은 그분의 몸을 눈물로 적시며 입을 맞춘 뒤 그토록 큰 사랑에 위로와 위안을 얻고는 천천히 멀어져 갔다.

　내 상상 속에 보이는 거대한 무리는 그분께 나아올 때는 각기 고립되어 고뇌하는 개인이었으나 십자가를 떠날 때는 모두 함께였다. 직접 입술을 대면서 눈으로 바라본 그분의 사랑이 그들을 하나로 묶어 준 것이다. 공포의 십자가가 소망의 십자가로 변했다. 고통에 짓이겨진 그분의 몸이 새 생명을 주었고, 흉하게 벌어진 상처에서 용서와 치유와 화해가 흘러나왔다.

## 우리의 기도

사랑하는 주님,

주님께 무슨 말씀을 드릴 수 있을까요?

감히 제 입에서 나올 수 있는 말이 있을까요?

생각이 있을까요? 문장이 있을까요?

주님은 우리를 위해 죽으셨고

우리 죄 때문에 다 내어 주셨습니다.

우리를 위해 인간이 되셨을 뿐 아니라

우리를 위해 가장 참혹한 죽음을 당하셨습니다.

거기에 합당한 반응이 있을까요?

합당한 반응을 찾을 수 있다면 좋으련만

주님의 거룩한 수난과 죽음을 묵상하노라면

저는 겸손히 고백할 수밖에 없습니다.

주님의 감당 못할 거룩한 사랑 앞에는

어떤 반응도 철저히 자격 미달이라는 것을요.

그냥 서서 주님을 바라보렵니다.

주님의 몸은 찢기셨고, 머리는 상하셨고,

손과 발은 못이 박혀 터지셨고,

옆구리는 창에 찔리셨습니다.

주님의 시신은 이제

주님의 어머니의 품안에 뉘어 있습니다.

이제 다 끝났어요. 다 이루셨습니다.

완성되고 성취되었습니다.

고마우신 주님, 은혜의 주님,

후하신 주님, 용서의 주님,

주님을 사모하며 찬양과 감사를 드립니다.

주께서 수난과 죽음을 통해

모든 것을 새롭게 하셨고,

주님의 십자가는 소망의 새 징표로

이 세상에 우뚝 섰습니다.

오 주님, 늘 주님의 십자가 아래 살면서

십자가의 소망을 끊임없이 전파하게 하소서.

예수님의 이름으로 기도드립니다. 아멘.

**Day 40**

## 그와 함께
## 장사되었나니

◊

무릇 그리스도 예수와 합하여 세례를 받은 우리는 그의 죽
으심과 합하여 세례를 받은 줄을 알지 못하느냐 그러므로
우리가 그의 죽으심과 합하여 세례를 받음으로 그와 함께
장사되었나니 … 만일 우리가 그리스도와 함께 죽었으면
또한 그와 함께 살 줄을 믿노니(롬 6:3-4, 8).

하나님은 우리에게 생명을 계시하셨고, 그저 우리를 생명으로 인도하고 싶으실 뿐이다. 그런 그분이 우리를 한없이 사랑하셔서 죽음의 지독한 부조리까지도 일부러 우리와 함께 겪으실 정도라면, 그렇다면 틀림없이 소망이 있다. 죽음 이상이 있을 수밖에 없다. 이 세상에 머무는 짧은 기간에 실현될 수 없는 어떤 약속이 있을 수밖에 없다. 그렇다면 사랑하는 이들, 꽃과 나무, 산과 바다, 아름다운 미술과 음악, 삶의 모든 풍성한 선물을 두고 떠난다는 게 그저 모든 것의 파멸이자 잔인한 종말일 수만은 없다. 그렇기에 정말 우리는 사흘째 날을 기다려야 한다.

그러나 죽음 – 정확히 말해서 "죽음의 실천" – 은 삶의 이면이며, 모든 피조물의 죽을 운명을 서서히 깨닫는 과정이다. 그래야 마치 영원한 소유물인 양 움켜쥐지 않고도 피조물의 아름다움을 감상할 수 있다. 우리 삶은 정말 죽음과 친해지는 과정이라 할 수 있다. 잘 죽는 법을 배우는 학교인 셈이다. 병적인 의미로 하는 말이 아니다. 오히려 삶을 끊임없이 죽음과 맞대어 볼 때 우리는 삶을 본래의 값없는 선물로 향유할 수 있다. 과거의 사진과 편지와 책이 우리에게 알려 주듯이 삶이란 아름다운 곳, 좋은 사람, 멋진 경험과 자꾸 작별하는 일이다. 그 모든 시간이 정든 손님처럼 지나가며 우리에게 소중한 추억을 남겼지만, 또한 인생이 짧다는 것을 서글프게 일깨운다. 모든 도착은 떠남으로 이어지니 과연 회자정리다. 모든 성장은 노화를, 모든 미소는 눈물을, 모든 성공은 상실을 그 안에 머금고 있다. 모든 삶은 곧 죽음이며 모든 축제도 비애를 남긴다.

✝

# 우리의 기도

여호와여,

우리가 매일 주를 부르며

주를 향해 두 손을 듭니다.

우리가 주님이 행하신 기적을 목도했습니다.

주의 인자심과 성실하심을

온 천하가 보았습니다.

여호와여

주께 부르짖습니다.

이 아침에 우리의 기도가

주님 앞에 이를 것을 확신합니다.

예수님의 이름으로 기도드립니다. 아멘.

사순절 시작:
　재의 수요일

**내려가는 길**

사순절 셋째 주
**주의 세미한 음성을
들으며**

사순절 첫째 주
**아버지의 뜻을 따라**

사순절 둘째 주

　**섬기시는 하나님**

사순절 넷째 주

고통을 통과한 영광

사순절 다섯째 주
하나님의 눈먼 사랑

사순절 여섯째 주: 고난주간
십자가의 길

부활주일
죽음에서 생명으로

**부활주일**

# 영생의 길이
# 열리다

◇

내가 받은 것을 먼저 너희에게 전하였노니 이는 성경대로
그리스도께서 우리 죄를 위하여 죽으시고 장사지낸바 되
셨다가 성경대로 사흘 만에 다시 살아나사 게바에게 보이
시고 후에 열두 제자에게와 그 후에 오백여 형제에게 일시
에 보이셨나니 … 그러므로 나나 그들이나 이같이 전파하
매 너희도 이같이 믿었느니라(고전 15:3-6, 11).

부활절 새벽이다. 진정 주님은 살아나셨다. 그들은 프랑스어, 독일어, 영어, 스페인어, 포르투갈어, 이탈리아어, 네덜란드어, 아랍어로 그렇게 외쳤다. 종소리와 할렐루야와 미소와 웃음이 있었고 소망이 절절이 느껴졌다. 장애인과 봉사자로 이루어진 이 공동체가 목청을 높여 선포했듯이 그리스도의 몸은 무덤에 있지 않고 새 생명으로 부활하셨으며, 우리 몸도 장차 영광 중에 그분을 뒤이을 것이다.

온통 기쁨이 넘치는 예배실에서 필립을 품에 안은 네이선이 일어나 밖으로 나가는 것을 보았다. 필립은 몸의 기형이 심해서 스스로 말하거나 걷거나 옷을 입거나 음식을 먹지 못하며, 깨어 있는 매 순간 누가 도와주어야 한다. 경축의 열기가 한껏 달아오르자 여태 봉사자의 품에 안겨 얌전히 자고 있던 그가 울부짖기 시작했다. 배 속 깊은 데서 터져 나오는 고뇌의 절규였다.

네이선에 품에 안긴 필립을 보다가 나는 이 부활절 새벽에 우리가 선포하는 게 무엇인지를 퍼뜩 깨달았다. 필립의 몸은 장차 부활하여 새 생명을 입을 것이다. 예수께서 영광에 들어가실 때 십자가의 상흔을 그대로 지니셨듯이 필립의 새 몸에도 고난의 흔적이 남을 것이다. 하지만 그는 더는 고난당하지 않고 많은 성도와 합류해 어린양의 제단을 에워쌀 것이다.

그런데 몸의 부활을 경축하는 데에는 이들 남녀 장애인의 몸을 날마다 돌보는 손길을 경축하는 것도 포함된다. 씻고 먹이고 휠체어를 밀고 들쳐 안고 입 맞추고 어루만져 주는 이 모든 수고 덕분에 그들의 망가진 몸은 새 생명의 순간을 맞이할 준비가 된다. 그래서 그들의 상처만 아니라 그들에게 베풀어지는 돌봄도 부활의 때에 눈에 보이게 남을 것이다.

이것은 위대하고도 위력적인 신비다. 흉하게 일그러진 필립의 몸은 어느 날 무덤에 묻혀 흙으로 변할 것이다. 그러나 죽은 자들이 부활하는 날 그도 다시 살아날 것이다. 새로운 몸으로 무덤에서 일어나 생전에 자신이 당한 고통과 받은 사랑을 영광스럽게 보여 줄 것이다. 아무 몸이 아니라 그의 몸이다. 손에 만져지지만 더는 고통과 죽음에 스러지지 않을 새로운 몸이다. 그의 수난은 끝날 것이다.

얼마나 귀한 믿음인가! 얼마나 귀한 소망인가! 얼마나 귀한 사랑인가! 몸은 벗어나야 할 감옥이 아니라 이미 하나님이 거하시는 성전이다. 부활의 날에 하나님의 영광이 몸을 통해 온전히 드러날 것이다.

부활절은 소망의 절기다. 여전히 두려움도 있고 여전히 고통스럽게 죄성을 인식하지만 또한 빛이 뚫고 들어온다. 새로운 일이 벌어진다. 그 일은 우리 삶의 변덕스러운 기분을 초월한다. 우리는 기쁘거나 슬프거나 낙관적이거나 비관적이거나 평온하거나 노여울 수 있다. 그러나 하나님 임재의 도도한 물줄기는 우리 마음과 생각의 잔물결보다 더 깊이 흐른다.

부활절은 하나님의 임재가 직접 느껴지지 않을 때조차도 그분이 임재하심을 일깨워 준다. 부활절은 세상만사가 악화되는 듯 보여도 악한 자가 이미 궤멸되었다는 기쁜 소식이다. 하나님이 아주 멀어 보이고 우리가 온갖 사소한 일에 정신이 팔려 있어도, 주께서 우리와 함께 길을 걸으시며 계속 성경을 풀어 주심을 우리는 부활절 덕분에 확실히 안다. 소망의 많은 빛줄기가 그렇게 우리 인생길을 비춘다.

✝

## 우리의 기도

전능하시고 영원하신 하나님,

이날 하나님께서

아들을 통해 죽음을 정복하시고

우리에게 영생의 길을 열어 주셨습니다.

그래서 우리는 주님의 부활을

기쁨으로 경축합니다.

성령으로 우리를 새롭게 하시어

우리도 다시 살아나 생명의 빛 가운데 다니게 하소서.

예수 그리스도의 이름으로 기도드립니다. 아멘.

# 출처

《긍휼》(*Compassion*),  IVP

《영성의 씨앗》(*Creative Ministry*) , 그루터기하우스

《자비를 구하는 외침》(*A Cry for Mercy*), 한국기독교연구소

《제네시 일기》(*Genesee Diary*), 포이에마

《주님, 감사합니다》(*Gracias*), 아침영성지도연구원

《나의 마음이 님의 마음에다》(*Heart Speaks to Heart*), 성바오로

《위로의 편지: 어머니를 회상하며》, (*Letter of Consolation*), 가톨릭출판사

《헨리 나우웬의 영성 편지》(*Letters to Marc*) 복있는사람

《예수님을 생각나게 하는 사람》(*Living Reminder*) , 두란노

《모든 것을 새롭게》(*Making All Things New*), 두란노

《나 홀로 주님과 함께》(*Out of Solitude*), 아침

《영적 발돋움》(*Reaching Out*), 두란노

《데이브레이크로 가는 길》(*The Road to Daybreak*), 포이에마

《마음의 길》(*Way of the Heart*), 두란노

《열린 손으로》(*With Open Hands*), 성바오로

Show Me The Way